# AIMER,
# C'EST PRENDRE LE RISQUE DE LA SURPRISE

Cécile Guéret

# AIMER, C'EST PRENDRE LE RISQUE DE LA SURPRISE

## ÉLOGE DE L'INATTENDU DANS LA RENCONTRE AMOUREUSE

Albin Michel

# Sommaire

# Introduction

Il fait presque nuit. La pluie clapote sur les carreaux. Bras nus, sandales : nous avons toutes les deux été surprises par l'arrivée d'un temps automnal en ce début d'été. Juliette, ma patiente, arrive de dehors, les cheveux humides et le ras-le-bol de la journée. Elle frissonne. « J'en ai marre de ces prévisions imprévisibles. Marre ! C'est pourtant censé être simple : on regarde la météo le matin, on s'habille en conséquence et tout va bien. Mais non ! » Elle souffle sur son thé. « Comme les sites de rencontres. On nous vend l'amour en un clic. Mais c'est loin d'être si simple… » Puis, semblant replonger dans ses pensées : « Si ce n'était pas si compliqué de rencontrer quelqu'un… » Le reste de sa phrase se perd avec son regard, entre nous deux, vers le bas, dans le flou. Elle essaie pourtant. Elle essaie fort, si fort. Elle me raconte, semaine après semaine, les *matchs*[1] sur son téléphone, les dîners arrangés, les concerts et les fêtes. Les conversations enjouées, « avoir l'air sympa et détachée ». Ses envies d'y croire, ses tentatives dubitatives. « On ne sait jamais. » Son courage d'y aller. L'attente. Ses découragements. Le silence dans l'appartement. Son plaisir à vivre seule aussi, la vie qui s'organise tranquillement, sans personne à contenter, ni à prévenir quand elle change de programme. Ses week-ends avec les copains. Sa certitude qu'une rencontre est là,

1. De l'anglais *to match*, c'est-à-dire, dans le contexte de l'application de rencontre Tinder, signaler à l'autre son intérêt.

derrière la porte, qu'il suffit de franchir le seuil. Le raffermissement de sa confiance, l'espérance et les envolées d'optimisme, à nouveau, souvent. Ses amis qui la soutiennent : « Une fille comme toi, avec toutes tes qualités… » Enfin, ses yeux qui pétillent. « J'ai rencontré quelqu'un ! » Toutes les vertus du nouvel aimé et les détails des messages échangés. Et puis, plus rien. Même pas envie d'en parler. Désabusée mais pas désenchantée. « Si ce n'était pas si compliqué de rencontrer quelqu'un… »

Sur ce même canapé, un jour moins pluvieux, il y a aussi Julien, de quelques années son aîné. Entre deux paquets de phrases tout entremêlées, il renverse la tête en arrière et se mord l'intérieur des joues. C'est si difficile de me le dire. Il préfère fermer les yeux, ne pas me voir le regarder. Comme « toutes les femmes », je pourrais le juger, le trouver moche à l'intérieur, alors qu'il vient de chuchoter ce qu'il n'a jamais pu dévoiler. Plus tard dans l'après-midi, juste avant d'aller chercher ses enfants à l'école, arrive Laure. Elle dépose son immense sourire à la porte du cabinet. Son manteau sur le dos, elle écrase un gros coussin contre son ventre jusqu'à ce qu'il soit vidé de son air, tout raplapla. S'enroule par-dessus, arrondit la nuque, frotte ses genoux l'un contre l'autre. « C'est sûr, c'est moi le problème. Je ne fais pas comme il faut. Je ne suis pas comme il faut. » Pas assez exigeante ou trop en demande, elle ne sait pas. Trop occupée ? « Je ne vais quand même pas me morfondre ? » Puis, les yeux dans les yeux : « Intello, c'est trop ? Rigolote, c'est superficiel ? » Va savoir… « Je me rencontrerais, je ne me plairais pas non plus », tente Adam, un autre matin, dans un sourire dépité, les yeux vite embués. Juliette, Julien, Laure, Adam… Perdus, meurtris, hésitants. Si touchants dans leur désœuvrement, leurs doutes, leurs craintes, leur peine. Leur si grande envie d'aimer et d'être aimés.

J'imagine autant de cœurs esseulés dans les cabinets de psychothérapie, un peu partout autour, et même plus loin encore. À propos de l'expérience douloureuse de la quête amoureuse, Eva Illouz écrit : « Si la sociologue pouvait entendre les voix des hommes et des femmes recherchant l'amour, elle entendrait une litanie, puissante et interminable, de plaintes et de gémissements[2]. » La détresse de ceux qui aimeraient « rencontrer quelqu'un », mais pour qui « ça » ne vient pas, est indéniable. La colère, l'incompréhension, le sentiment d'injustice. Ajoutons le courage. La pugnacité. L'incroyable capacité d'espoir, souvent égratignée sans être terrassée. Et quand, dans un relâchement musculaire, le contrôle abdique et la volonté s'affaisse, l'ampleur du désarroi. Cette rencontre tant attendue, espérée, fantasmée, idéalisée, qui pourrait éventuellement advenir... ou ne jamais arriver. « Tu rencontreras quelqu'un lorsque tu t'y attendras le moins » : la prophétie, délivrée par une amie, laissait Célia les bras ballants. Comment vouloir la rencontre sans l'attendre ? Faut-il s'y préparer ? Tenter de la prendre au piège d'une feinte indifférence ? Renoncer, en espérant tout de même secrètement qu'elle finira par se produire ?

Si nous pouvions y comprendre quelque chose, à ce qui se passe dans la rencontre... Ne pas être si égarés, désorientés, désemparés. La quadriller, la détailler en étapes, en techniques, en recettes à suivre, comme autant de protocoles pour espérer la réussir. Si seulement il y avait un mode d'emploi plutôt que tout cet inconnu incompréhensible et incontrôlable ! Si nous pouvions « tomber amoureux » sans tomber de notre chaise ! En amour comme ailleurs, face aux incertitudes (économiques, sociales, écologiques...) qui nous assaillent, nous aimerions nous rassurer avec des catégories mesurables, calculables, quantifiables, comparables et classables, sur lesquelles nous pourrions exercer toute notre maîtrise, voire notre emprise. Appréhender la logique du monde, les raisons rationnelles et raisonnables qui lient les causes et les effets. Nous appuyer sur des vérités dénuées d'approximation. Comprendre pour agir, sortir de l'impuissance. Prévoir aussi, pouvoir avancer d'un pas en s'évitant déceptions et souffrances inutiles – principe de précaution. Comprendre et contrôler

2. Eva Illouz, *Pourquoi l'amour fait mal: l'expérience amoureuse dans la modernité*, Points Seuil, 2014.

donc, pour apaiser un peu notre angoisse. Chasser l'indéterminé, le fortuit, l'aléatoire. Aimer, sans prendre le risque de la surprise.

Sauf qu'en sciences comme en amour, les causes ne produisent pas invariablement les mêmes effets. « En physique et en mathématiques, de plus en plus de connaissances ont conduit à [...] plus de volonté de vivre avec l'angoisse de l'incertitude, pas seulement à accepter mais à vénérer le mystère[3] », affirme le gestalt-thérapeute Michael Vincent Miller. L'incertitude, la surprise, l'imprévu ont montré qu'ils étaient toujours (un peu, beaucoup, plus ou moins) de la partie. Est-ce pour cela que nous avons tant besoin de nous raccrocher à des vérités en amour ? Le vertige serait-il trop grand si nous envisagions, déjà penchés sur l'inconnu du monde, que la relation à l'autre était tout aussi pétrie d'incertain ? Alors que nous faisons face à un dérèglement climatique inquiétant, que même les repères immuables de nos vies que constituaient les saisons ou la vitalité de la nature se dérobent sous nos pieds, serait-ce trop que nous puissions supporter[4] ?

Je vous prie de m'excuser par avance : ce livre n'est pas un mode d'emploi de la rencontre amoureuse. Je ne délivrerai ni recette magique ni instructions miracles pour trouver l'âme sœur. L'hypothèse que je propose est en effet à l'opposé de tout cela, puisqu'il s'agit de considérer la rencontre affective à l'aune de son imprévisible nouveauté, de son caractère inévitablement inédit et incertain. Pas de protocole possible donc. Appuyée sur la gestalt-thérapie[5] – posture

3. Michael Vincent Miller, *La Poétique de la gestalt-thérapie*, L'Exprimerie, 2018. L'auteur fait référence à la théorie de la relativité, à la mécanique quantique et ondulatoire, et aux théorèmes d'incomplétude en mathématiques.
4. Voir à ce sujet les travaux liés à la solastalgie, appelée aussi éco-anxiété, de plus en plus fréquente.
5. La gestalt-thérapie est centrée sur l'interaction constante – et constamment changeante – de l'être humain avec son environnement. Cette psychothérapie s'intéresse en effet à la forme (la *Gestalt* en allemand) que prend le contact, la mise en évidence de comment nous existons là, l'un et l'autre, comment nous apparaissons l'un à l'autre et à nous-mêmes, « au plus près de la complexité humaine et de son imprévisibilité », précise la psychiatre et gestalt-thérapeute Catherine Deshays. Au plus près de notre commune humanité, dans l'étonnement de nos différences et de notre singularité, à la recherche du lieu où nous pouvons nous retrouver et nous rejoindre. La gestalt-thérapie s'appuie sur la philosophie phénoménologique et existentialiste.

avec laquelle j'accompagne en psychothérapie –, ma proposition est, je l'admets, à la fois modeste et ambitieuse. Modeste, car cet ouvrage ne peut être qu'une première brèche, une entrouverture vers l'inattendu, un soutien pour la possibilité d'une mise en mouvement. Ambitieuse, car je suis persuadée que cette ouverture inaugure un merveilleux chemin. Un changement certes à petits pas, mais un changement solide, profond et durable. À petits pas, car la transformation ne peut se faire qu'au fur et à mesure des capacités d'assimilation de chacun. L'expérience (de la vie comme de la psychothérapie) montre en effet que les grandes résolutions imposées au bulldozer ne tiennent pas longtemps. À petits pas aussi car, pour aller vers la nouveauté, nous devons d'abord nous assurer d'un minimum de sécurité. Mais également parce que c'est un pas après l'autre que nous gravissons les montagnes. Patiemment, assurément. Non pas en nous épuisant à courir vers des hauteurs saturées de certitudes, mais en profitant du paysage qui se révèle sous nos yeux, en évitant les ornières et les précipices, en traversant les coins sombres dans la confiance de la clairière à venir. C'est ainsi que nous pouvons nous ouvrir à la rencontre amoureuse.

Pourquoi l'amour doit-il passer par la surprise ? Parce que, pour faire événement, il ne peut qu'être tissé d'étonnement. Toute rencontre véritable est surprise. Surprise devant l'unicité et la complexité de la personne que nous apprenons à connaître, mais aussi surprise face à ce que nous découvrons de nous-mêmes. Surprise devant la nouveauté de la situation, nécessairement inédite puisque nous n'avons jamais rencontré cette personne-ci, dans ces exactes mêmes conditions. Une surprise qui, selon les personnalités, selon le contexte, selon la rencontre, se colore de nombreuses nuances : saisissement désagréable, vacillement insécurisant, incongru qui interroge, émerveillement qui emporte… Il s'agit alors, pour la vivre pleinement, de renoncer à savoir, à prévoir, à maîtriser. De nous sentir suffisamment en sécurité pour accepter de tâtonner dans la brume, d'avancer en eaux troubles, de ne pas être sûrs du chemin ni de la destination.

C'est, pour reprendre la belle proposition du gestalt-thérapeute et philosophe Jacques Blaize, « ne plus savoir[6] », au moins pour un temps. Nous laisser conduire par l'inattendu de l'expérience, nos sensations, nos émotions. Être curieux de l'autre, de sa singularité, de sa complexité, de son irréductible différence. Tenter de ne pas recouvrir le particulier par le général. Nous laisser étonner, encore et encore. Nous fier à l'intuition, la confiance, la foi que quelque chose d'imprévisible va émerger de cette situation. Nous laisser aller au vertige de la rencontre dans sa plénitude et sa nouveauté. Accepter la surprise. En prendre le risque. Peut-être n'est-ce pas rassurant. Peut-être est-ce trop d'inconnu, d'étourdissement, de déséquilibre. Peut-être… Mais c'est aussi, j'en suis persuadée, sur ces sentiers buissonniers que nous pouvons trouver de l'air, de la liberté. Car la surprise est le lieu des nouveautés, des possibles, du mouvement, des élans. En un mot : de la vie.

J'avancerais ainsi que notre détresse amoureuse pourrait venir de notre difficulté à nous laisser aller dans l'inattendu de la rencontre. Parce qu'elle nous fait prendre le risque d'une identité jamais gagnée, parce qu'elle réactive des peurs fondamentales et existentielles, nous craignons de nous ouvrir à la surprise. Nous sommes aussi confrontés à de multiples facteurs incontrôlables (désinstitutionalisation du mariage, multiplication des formes amoureuses, rituels de rencontre nébuleux, illusion d'une incroyable profusion de partenaires possibles…). Trop pour nous sentir en sécurité face à la singularité, l'inattendu de l'autre. Nous fantasmons une rencontre amoureuse qui nous submerge, qui nous emporte, tout en freinant des quatre fers pour tenter de la maîtriser. Nous craignons la souffrance, la désillusion, l'attachement. Cet attachement redouté et recherché, partagés que nous sommes entre l'envie de nous perdre dans l'autre et la terreur d'être engloutis, le soulagement de l'appartenance et la peur de l'arrachement si l'autre en vient à s'éloigner. Nous idéalisons

6. Jacques Blaize, *Ne plus savoir : phénoménologie et éthique de la psychothérapie*, L'Exprimerie, 2012.

la passion tout en restant dans les clous du choix rationnel, bien réfléchi et bien pesé. Nous rêvons de bouleversement émotionnel tout en nous coupant de nos sensations. Pour ne pas vaciller, nous nous agrippons aux branches de nos certitudes. Nous nous réfugions dans le « trop bien connu » d'un célibat apprivoisé, à l'abri dans notre familier réconfortant, sécurisant. Ballottés par des idéaux et des injonctions contradictoires, nous accrochons nos espoirs au phare d'une rencontre si merveilleuse qu'elle en devient inatteignable. Nous sommes passés experts en maîtrise, virtuoses en probabilités. Point de fortuit ni d'aléatoire possible. Pourtant nous ne sommes pas dupes. Nous savons intimement que ce qui donne à l'amour sa beauté, son attrait, c'est justement son mystère, son imprévisibilité. « Nulle rencontre sans surprise : la surprise préside à toute rencontre, elle en est la condition[7] », affirme le psychiatre et psychanalyste Daniel Marcelli. Apogée de toute rencontre, la rencontre amoureuse ne peut être qu'immaîtrisable et surprenante. Par nature et par nécessité. C'est, me semble-t-il, la seule certitude en amour.

7. Daniel Marcelli, *La Surprise, chatouille de l'âme*, Albin Michel, 2000.

# Le « trop bien connu » qui nous enferme

## Un célibat apprivoisé mais douloureux

« Douloureux ? » L'adjectif fait tiquer Elizabeth. « Attendez, je n'en suis pas sûre… » Elle prend quelques minutes, les yeux perdus dans le jardin qui nous entoure, pour se laisser le temps de sentir, comme elle goûterait un vin avant de décider s'il lui convient. Quelques secondes pour en éprouver l'attaque, en distinguer les arômes, les saveurs, la texture, la longueur en bouche… Puis elle revient à nous deux, à moi qui la regarde. « J'aime beaucoup cette vie apaisée. À cinquante ans passés, j'ai l'impression de pouvoir enfin adopter le rythme qui me convient, la lenteur qui me plaît. Le matin, par exemple, je prends mon café en appréciant la caresse du soleil, je parle à mes plantes, je médite, je fais longtemps mousser le savon sous la douche… C'est une disponibilité délicieuse, qui m'a beaucoup plu, au début de mon célibat. Ce calme. Les enfants étaient partis de la maison, mon ex plus là à ronchonner : j'étais enfin tranquille. Je n'avais qu'à m'occuper de moi. Après trente ans de vie de famille, ça fait du bien ! Mais c'est devenu *aussi* un peu pénible. Parfois, l'espace autour de moi est trop vide. Quand je pense à quelque chose qui m'amuse par exemple, j'aimerais me tourner vers un amoureux pour en rire avec lui. Sauf qu'il n'y a personne. Ça, oui, désormais, ça me manque beaucoup. »

C'est qu'Elizabeth est, de sa propre analyse, au point de bascule où le célibat commence à lui peser. Les premiers mois lui ont permis de se retrouver et de recontacter son propre désir. Un moment de réconfort, pour assimiler les expériences vécues, se redéfinir. Un bien-être en solitaire qui l'a nourrie, rassurée et apaisée. Une solitude choisie, appréciée, juste pour elle : ajustée. Elle y a découvert de la liberté, de la plénitude, du bonheur. Elle continue à y trouver du plaisir, du confortable, du doux, du familier. Cependant, elle commence à se lasser. Cela ne lui fait peut-être plus tant de bien. L'ajustement – cette manière propre à chacun de s'accorder au monde –, qui fut créateur, pertinent, devient conservateur[8]. Une routine connue par cœur, protectrice, mais qui enferme, empêche le mouvement, la nouveauté et donc la croissance possible. Peu à peu le cocon se fait prison.

Pour certains d'entre nous, comme pour Juliette, la situation est encore plus claire : « Le célibat a été de la survie. Admise à un mastère loin de chez moi, j'ai enfin pu quitter une famille étouffante. Quand je me suis installée dans mon minuscule appartement, il était hors de question d'avoir une relation amoureuse. Je voulais vivre ma vie à moi, enfin ! » C'était il y a six ans et aujourd'hui Juliette ne vit plus la solitude comme une libération : « Je fais ce que je veux, c'est sûr.

8. Nous pouvons en effet dégager deux grandes tendances dans notre manière de faire face à une situation : la première est de faire comme d'habitude, dans un esprit d'ajustement conservateur ; la seconde est d'imaginer une nouvelle manière de faire, dans un ajustement créateur à la nouveauté du moment.

J'organise ma vie comme elle me plaît. J'écoute de la musique pourrie à fond les ballons, je décore mon appartement avec des trucs kitchissimes – que personne d'autre que moi ne supporterait –, je mange ce que je veux quand je veux... Mon quotidien est bien rodé, sans que personne n'y mette son grain de sable. » Jusqu'au torrent de larmes qui fait craquer les digues de cette vie bien organisée : « Je me sens isolée. C'est comme un grand froid, un trou noir, qui est tout le temps là, même quand j'essaie de m'occuper, de voir mes amis, d'aller au cinéma... »

Une impasse dans laquelle Louis se reconnaît : « J'ai toujours aimé être seul, savourer le silence. C'est bon, ça me nourrit. Cependant, ça me fait aussi souffrir. » Car, quand apparaît l'envie d'être à deux, le silence résonne, le confort déprime, la liberté devient absurde. Gérer son temps, sa vie, son espace sans rendre de comptes à personne, est anecdotique ! « J'aurais tellement d'autres choses à gagner en vivant avec quelqu'un[9] », affirme-t-il.

« Être seul peut générer une grande jouissance, lorsque nous savons que, si nous le voulions, nous pourrions être accompagnés d'un ami ou d'un amour[10] », souligne la gestalt-thérapeute Marie-José de Aguiar. C'est aussi toute la différence entre la solitude choisie et celle qui est subie. C'est toute la différence entre la souplesse d'un ajustement créateur et la raideur d'un ajustement devenu trop conservateur. Pour Louis, Elizabeth et Juliette, l'ajustement trouvé au début – leur vie de célibataire qui a été bonne pour eux –, s'est rigidifié, désajusté. Il perdure alors qu'il ne correspond plus à leur envie, leur besoin, leur bien-être actuels.

9. Cité par Cécile Guéret, « Le célibat rend-il égoïste ? », *Psychologies Magazine*, n° 330, juin 2013.
10. Marie-José de Aguiar, citée par Cécile Guéret, « Le célibat rend-il égoïste ? », *op. cit.*

**Célia : quand « le contrôle est hors contrôle[11] »**

Anxieuse de la perte de contrôle, de l'ouverture à l'autre, d'un possible engloutissement dans le « nous » d'un couple, Célia ne peut s'abandonner à la spontanéité de la rencontre amoureuse et d'une possible nouvelle expérience. « Je serre les mâchoires, je freine des quatre fers, je regarde l'autre de travers. J'entends souvent que j'ai l'air présomptueuse, distante... », regrette-t-elle, sans savoir comment être moins méfiante. Une manière de réguler le contact avec l'autre qui peut être saine lorsqu'elle permet de ralentir, de s'assurer que l'autre semble disposé à nous accueillir. Cela nous permet d'avancer progressivement, pas à pas, de ne pas nous jeter à corps perdu, sans discernement. Mais cette régulation du contact devient problématique lorsqu'elle nous enferme dans l'hypercontrôle, l'immobilisme. Qu'elle nous conduit à refuser tout ce qui est nouveau, incontrôlable ou surprenant. Qu'elle nous coince dans une tour d'ivoire dont nous ne savons plus comment sortir. C'est ainsi que, chez Célia, « le contrôle est hors contrôle ». Elle ne parvient pas à se laisser aller dans la rencontre, trouvant que « ça va trop vite », qu'elle n'en maîtrise pas les termes, l'investissement, les risques... Et se désespère de ne pas se laisser apprivoiser : « Si j'étais le Renard de Saint-Exupéry, je serais encore à regarder le Petit Prince en montrant les crocs... »

11. Jean-Marie Robine, *Gestalt-thérapie : la construction du soi*, L'Harmattan, 2012.

# La difficile ouverture vers la nouveauté

« Je ne sais pas si je pourrais aujourd'hui rouvrir ma vie à quelqu'un. J'aurais peur d'être bousculée », confie Elizabeth qui, pour le moment, préfère la familiarité du célibat « tant que ça ne fait pas encore trop mal ». Pour d'autres, la situation semble à la fois insupportable et inextricable : nous savons que le célibat n'est plus bon pour nous, qu'il ne nous convient plus tout à fait, voire qu'il nous enferme, mais nous ne parvenons pas à nous mettre en mouvement vers les autres. C'est ce dont témoigne Juliette quand elle fait part à la fois de sa grande souffrance à être célibataire, mais aussi de l'étrangeté qu'elle vit dans une situation de couple. « Quand un amant vient chez moi, c'est comme si je ne savais même plus comment me mouvoir dans mon appartement. Je suis tellement habituée à y vivre seule, comme un poisson dans l'eau, que d'y faire entrer quelqu'un rend l'espace étrange, presque inquiétant. Je suis désorientée, déstabilisée. »

La santé psychique, c'est la souplesse, la capacité à aller vers la nouveauté de l'environnement sans trop de craintes, et donc l'enrichissement des possibles. La peur démesurée de l'inconnu, la tentative d'accrochage au familier, l'impossibilité d'improviser face au flou, à l'aléatoire, à l'incertain, est au contraire caractéristique d'un fonctionnement plus névrotique. C'est ce que nous vivons quand nous ne parvenons pas à être créatifs face à une nouvelle situation qui demanderait une nouvelle manière de faire. Comme si nous n'avions à notre disposition que de vieilles habitudes, décalées, inadaptées.

Célia constate ainsi qu'elle ne peut imaginer qu'un homme ne soit pas « séducteur, manipulateur, cachottier » comme l'était son ex. Si bien que, lorsqu'elle rencontre quelqu'un, elle tend ses muscles, recule son buste, plisse les yeux. Méfiante, à l'affût du moindre signe qui pourrait confirmer ce qu'elle projette sur l'autre. Prenant le risque, sans s'en rendre compte, d'apparaître distante, suspicieuse, alors que l'homme qu'elle rencontre ne le mérite peut-être pas. Et que ce dernier déploie peut-être des efforts inouïs pour espérer la séduire, au risque d'apparaître enjôleur. Notre manière d'être en contact avec le monde, de nous accorder avec ce qui nous entoure, ne peut être figée, stéréotypée. Tout simplement car les situations auxquelles nous répondons ne sont jamais exactement identiques. Face à l'idée que « la vie n'est jamais prévisible mais pleine de nouveautés, qu'elle demande des réponses nouvelles et inventives[12] », la manière dont nous nous ajustons à cet environnement changeant, aux personnes et aux circonstances incarne notre « capacité à apparaître nouvellement au monde[13] ». Face à la nouveauté, Célia ne parvient pas à inventer. Elle s'enferme et elle enferme l'autre dans des traits de caractère possiblement faux ou périmés. Au contraire, comme nous le verrons plus loin (« Être soi n'est jamais acquis », p. 99), s'accorder le plus souplement possible aux situations inédites nous offre la possibilité d'évoluer, de changer, de nous découvrir autrement. Car, au travers d'une nouvelle expérience de contact, nous devenons un petit peu différents de ce que nous étions juste avant. Il y a donc croissance. Si Célia pouvait véritablement rencontrer l'autre, dans toute sa singularité, déshabillé de tous les *a priori* qu'elle a sur les hommes, elle découvrirait qu'ils ne sont pas tous comme son ex.

Loin d'être un vilain défaut, la curiosité, la capacité à être profondément intéressé par le monde, est un signe de santé. Si nous revenons à nos premières années, c'est d'ailleurs un aspect bien connu du développement. L'enfant doit en effet pouvoir supporter un peu d'incertitude, accepter l'inattendu pour investir son environnement et développer des capacités d'apprentissage. « Les perturbations insolites, les fluctuations dans l'attente, les changements imprévus constituent de puissants stimulateurs du fonctionnement cognitif, rapporte le

12. Frank M. Staemmler, *Cultiver l'incertitude*, L'Exprimerie, 2003.
13. Édith Blanquet, « Du sentir à la forme signifiante : une esthétique de l'entrée en présence », *in* Jean-Marie Robine (dir.), *La Psychothérapie comme esthétique*, L'Exprimerie, 2006.

pédopsychiatre et psychanalyste Daniel Marcelli[14] : pour apprendre, il faut pouvoir pendant un certain temps tolérer cet état d'incertitude. » Il faut *pouvoir*, en effet. Car, devenus adultes, certains d'entre nous sont paralysés par l'inconnu, en particulier lors de la rencontre. La nouveauté ouvre, pour eux, sur le surgissement de l'angoisse. Il faut pouvoir avoir la conviction que « si l'on fait un pas de plus, il y aura bien un sol sous nos pieds[15] », soulignent Fritz Perls, Ralph Hefferline et Paul Goodman. Que « l'instant qui suit n'est pas le bord d'un précipice », que nous ne sommes pas enfermés « dans la cage du fini de notre expérience : celle-ci a un horizon et non des barreaux[16] ». Confiants, nous nous sentons alors pleinement capables d'être en contact avec notre environnement sans avoir besoin de nous le formuler. Nous acceptons, « dans un optimisme un peu fou[17] », l'excitation de la rencontre avec l'autre car nous pouvons nous appuyer, au fond de nous, sur nos expériences précédentes, sur le fait que nous savons faire. « L'individu en sécurité ne le sait jamais, mais sent toujours qu'il peut la risquer et qu'il saura répondre[18] ». Nous sommes tournés vers l'avenir, vers l'inconnu qui vient ensuite. Nous avons acquis la certitude que, lorsqu'un problème se pose, de nouvelles possibilités se mettront en place. Qu'il y aura un sol sous nos pieds. Et nous avançons.

Ce n'est pas le cas de Jean, pour qui le moindre changement suscite immanquablement des palpitations, une gêne respiratoire, voire une sensation de vertige. Pour lui, la nouveauté ne peut être qu'explosion chaotique, catastrophe annoncée, destruction de son monde. Afin d'éviter toute mauvaise surprise, cet homme élégant prépare scrupu-

14. Daniel Marcelli, *La Surprise, chatouille de l'âme*, op. cit.
15. Frederick Perls, Ralph Hefferline et Paul Goodman, *Gestalt-thérapie*, L'Exprimerie, 2001 [1re éd. 1951]. Écrit par le psychiatre et psychanalyste Frederick (dit « Fritz ») Perls, l'écrivain Paul Goodman et le professeur de psychologie Ralph Hefferline, ce texte pose les bases de la gestalt-thérapie.
16. Paul Goodman, *Little Prayers and Finite Experience*, cité par Jean-Marie Robine, *S'apparaître à l'occasion d'un autre*, L'Exprimerie, 2004.
17. Frederick Perls, Ralph Hefferline et Paul Goodman, *Gestalt-thérapie, op. cit.*
18. *Ibid.*

leusement ses rendez-vous galants : repérage du restaurant, choix de la table, du menu… La conversation avec l'autre est une chorégraphie sue sur le bout des doigts (le travail, la musique, les loisirs…), un chemin dont il convient de ne pas s'écarter. Tout est prévu, même l'éventualité que la personne ne vienne pas, puisqu'il apporte toujours du travail à finir en cas d'annulation inopportune. Jean fait tout pour ne jamais être pris au dépourvu. Dans sa manière même de parler, les mots sont choisis, pesés. Toute spontanéité est soigneusement évitée. Ce n'est qu'ainsi qu'il peut supporter un moment passé avec quelqu'un d'autre, en sécurité. Mais cette sécurité se révèle être une fixité qui empêche toute nouveauté d'advenir. Un agrippement, un accrochage qui, certes, donne un certain sentiment de solidité, de stabilité, de pouvoir, mais qui l'embarrasse pour prendre véritablement le risque de la rencontre. Car dans un univers où tout est contenu, planifié, il ne peut y avoir d'événement. Le surgissement de la nouveauté nécessaire à la rencontre ne peut advenir. L'autre ne peut pas exister dans sa différence imprévue.

« Être ouvertement curieux dépend de la quantité d'angoisse que l'on peut tolérer ou, inversement, de la quantité d'excitation que l'on peut supporter[19] », ajoute le psychologue et gestalt-thérapeute Frank M. Staemmler. Le problème, lorsque nous sommes pris dans le cercle vicieux de l'anxiété, c'est que nous essayons de repousser tout inattendu pour nous sécuriser, alors que cela suscite une plus grande anxiété encore[20]. En effet, l'effervescence naturelle suscitée par la découverte de la nouveauté est bloquée, comme si nous appuyions en même temps sur l'accélérateur et le frein de notre organisme. L'angoisse résulte de ces poussées contradictoires : d'un côté le bouillonnement spontané de l'excitation ; de l'autre nos terribles efforts pour la contraindre, la maîtriser, voire l'annihiler[21].

19. Frank M. Staemmler, *Cultiver l'incertitude*, *op. cit.*
20. Michael Vincent Miller, *La Poétique de la gestalt-thérapie*, *op. cit.*
21. Sylvie Schoch de Neuforn, « Clinique de l'angoisse », actes de la Journée d'étude « Clinique de l'angoisse », Champ-G, 2009.

## EXERCICE

**Rituel d'adieu à la relation passée qui vous entrave**

Prévoyez une à deux heures, dans un endroit calme, si possible dans la nature (forêt, parc, bord de rivière...). Munissez-vous de deux feuilles de papier et d'un crayon. Choisissez un endroit dans lequel vous vous sentez bien, sûr de n'être ni interrompu ni observé. Installez-vous confortablement, apprivoisez ce lieu dans lequel vous allez élaborer votre rituel d'adieu à votre ancien amour. L'impossibilité à rencontrer quelqu'un est en effet parfois alimentée par un passé douloureux, par une histoire dont nous ne parvenons pas à nous détacher, par une relation qui nous hante encore. Trop belle pour pouvoir laisser la place à une autre, trop douloureuse pour courir le danger d'aimer, ou trop toxique pour pouvoir à nouveau faire confiance...

Si vous êtes dans ce cas, prenez un moment pour vous remémorer cette histoire encore si présente et, tranquillement, sans vous presser, commencez à faire deux listes : sur la première feuille, la liste du bon et du beau que vous avez vécus dans cette histoire ; sur la seconde feuille, celle du moins bon, voire du difficile. Ne vous précipitez pas, sentez ce qui est juste pour vous aujourd'hui. Laissez de côté les appréciations de votre entourage, les jugements extérieurs. Ce n'est pas la réalité historique mais votre vécu qui est important.

Lorsque vos listes sont achevées, réfléchissez à la meilleure façon, pour vous, de vous défaire de ce passé. Est-ce en déchirant chaque feuille ? en les brûlant ? en faisant deux petits tas des brindilles symbolisant les éléments de chaque liste que vous laisserez derrière vous ? Vous pouvez tout imaginer, tant que cela vous convient, à vous, sur le moment. Élaborez une phrase de reconnaissance et de détachement qui vous permettra de remettre cette histoire dans le passé. Cela peut être : « Je te remercie pour tout le bon dont tu m'as nourri. Je le garde en moi et je continue mon chemin. » Ou : « Cette période de ma vie si difficile est aujourd'hui achevée. Je ne l'oublie pas, mais maintenant je veux une vie heureuse. » Cela peut être une phrase pour toute la relation ou une phrase pour chacune des deux listes. Réalisez maintenant votre rituel en disant ces phrases, en conscience, sans précipitation. Avant de partir, prenez quelques minutes pour assimiler l'expérience.

## Pris au piège dans un ronron prévisible et paisible

« Ma vie est une mélodie douce, enveloppante comme une berceuse, connue par cœur et dans laquelle je me sens tellement bien, se délecte Célia en s'enroulant dans un immense châle en laine. Je pourrais continuer comme ça des années, tellement c'est bon. J'ai des dizaines de sortes de thé que je choisis avec plaisir, des bouquins dans lesquels je me plonge des heures durant, des séries qui m'absorbent, de longues conversations téléphoniques avec mes amies… Mais parfois, quand je prends du recul, j'ai l'impression que tout cela est en fait un vide sidéral. Que ça ne sert ni ne mène à rien. Que c'est toujours pareil, immobile, sans vie. » En revenant à nos premières années, nous pouvons en effet saisir l'importance, pour l'organisation de notre psyché, de deux temporalités : celle du temps circulaire, répétitif ; et celle du temps linéaire, imprévisible. Pour le bébé, le premier est celui des rituels à la signification partagée (le repas, le change, le coucher…), « de la récurrence, de la répétition, de la satisfaction des besoins, de l'apaisement des instincts[22] ». Cette continuité, dans laquelle se réactualisent chaque jour les conduites parentales, est structurante. Elle constitue un socle sur lequel il peut se reposer, se laisser porter, puis, l'intériorisant peu à peu, sur lequel il s'appuie ensuite pour aller *vers* l'environnement, découvrir le monde. Un temps prévisible, paisible, dont nous avons toujours besoin

22. Daniel Marcelli, *La Surprise, chatouille de l'âme, op. cit.*

adultes et qu'apprécient nombre de célibataires. C'est tellement bon de maîtriser son emploi du temps, de faire ce que nous voulons au moment désiré, sans autre contrainte que celle de notre propre désir ! Un doux ronron dans lequel Elizabeth est bien au chaud : « Une chose après l'autre, sereinement. Plus personne ne débarque à l'improviste quand je suis dans la salle de bains pour me demander si j'ai bien versé l'acompte pour les vacances d'été. Je suis tranquille, à mon rythme. » C'est ainsi que, vivant chaque journée comme semblable à la précédente, nous nous mettons à l'abri du temps qui passe.

La seconde temporalité, tout aussi essentielle, est celle du changement, de l'inattendu, apprivoisé dans la petite enfance grâce aux jeux de surprise, de chatouilles, de coucous, de marionnettes, de petites bêtes qui montent. Ces jeux partagés entre le parent et le bébé, parce qu'ils font surprise, ouvrent la boucle du temps circulaire. Répétés chaque fois un peu différemment pour s'amuser de l'étonnement suscité, ils amènent une joyeuse tension dirigée vers le coup de théâtre à venir. La chatouille va-t-elle surgir à un endroit ou à un moment inattendu ? Le parent trompe l'attente du bébé, le déstabilise, le fait vaciller quelques secondes, avant de contenir son inquiétude dans les embrassades et les rires partagés. De cette façon, ce dernier sort d'un temps fermé sur lui-même, répétitif, et s'ouvre à la linéarité du temps qui passe[23].

Car « imaginons un instant un monde sans surprise, un monde où tout serait toujours tel que cela a été annoncé, un monde où chacun tiendrait sa place, uniquement sa place, toujours sa place… On mourrait d'ennui, n'est-ce pas[24] ? » La question du psychanalyste Daniel Marcelli résonne avec la monotonie évoquée par Julien. « Oui, ma vie est réglée comme une horloge. Je fais toujours la même chose au même moment. Chauffer l'eau pour le café, beurrer mes

23. *Ibid.*
24. *Ibid.*

tartines, enfiler mes chaussures... Je suis d'une exactitude épatante! Un vrai petit robot. C'est toujours pareil. Oui, c'est fade. C'est mort. Mais c'est peut-être comme ça, ma vie», dit-il en haussant les épaules, dans un constat sans tristesse.

**La prévisibilité tranquillise... mais endort**

Si l'attendu réconforte et apaise, «rapidement, rien n'est plus ennuyeux que ces anticipations toujours confirmées, explique Daniel Marcelli. Trop de répétition devient vite monotone, pour ne pas dire mortifère, figeant l'être humain dans une minéralité qui, pour être apaisante, se confond bientôt avec l'immobilisme du monde inanimé[25]». Les recherches cognitives ont en effet démontré que la répétition à l'identique d'un stimulus (en ne changeant ni la forme, le rythme, l'intensité, etc.) entraîne un phénomène d'extinction. Après les premières réactions d'éveil face à la nouveauté, l'intérêt décroît au fur et à mesure des répétitions. Jusqu'à s'éteindre. Une trop grande prévisibilité endort, faisant disparaître «deux des composantes essentielles de l'humain, l'attente et la curiosité[26].»

Une morosité qui plombe Juliette. Car le refuge dans un quotidien routinier, familier, peut s'avérer piégeant. Ce ne sont pas seulement nos relations sociales ou affectives qui sont atteintes: c'est le sens de soi qui s'en trouve restreint. «Quand les gens se résignent à vivre au milieu de ce qu'ils connaissent déjà très bien, en dehors de la peur et de la perte de confiance en eux-mêmes ou en leur environnement, le résultat c'est la stagnation, l'ennui et la mort[27]», écrit sans détour Michael Vincent Miller. «C'est une vie sans aucune vitalité ni excitation, une vie tel un regard fixé sur une partie de son monde»,

25. *Ibid.*
26. *Ibid.*
27. Michael Vincent Miller, *La Poétique de la gestalt-thérapie*, *op. cit.*

reprend-il. Une attitude stéréotypée, caractéristique de toute névrose car, comme nous le verrons plus loin (« Tout est déjà vu, déjà prévu », p. 80), l'angoisse sous-jacente fait tout pour substituer du connu à l'inconnu, pour réduire l'incertitude de la vie, quitte à réduire la vie elle-même. L'enjeu est de taille car nous touchons ici, de manière profonde, pas toujours consciente bien sûr, à la question de notre finitude. Pour le psychiatre et psychothérapeute Irvin Yalom, c'est en effet cette donnée existentielle qui est tapie derrière nos comportements névrotiques. C'est ainsi qu'en nous réfugiant dans un quotidien linéaire, attendu, monotone, nous nous berçons de l'illusion que le temps ne passe pas. En restreignant notre vie, nous cherchons une parade à notre condition humaine. Nous fermons les volets, tirons les rideaux, éteignons la musique et bannissons les éclats de voix, en espérant que la mort passe son chemin sans nous remarquer. Vivons heureux, vivons cachés. Sauf que « l'angoisse de mort est inversement proportionnelle au plaisir de vivre[28] », reprend Irvin Yalom. Vivre petit ne fait qu'accentuer notre angoisse. La seule manière de nous apaiser, profondément, existentiellement, est au contraire de vivre entièrement, d'être pleinement vivants. De chanter, de danser, d'ouvrir les fenêtres à l'imprévu. Et de se dire : la mort peut bien venir demain, j'aurai eu une belle vie.

« Parfois, la nuit, je prends conscience de toutes les heures qui se sont écoulées aujourd'hui, ces derniers jours, cette semaine... C'est horrible, je me sens comme dans le tableau d'Edvard Munch, *Le Cri*. J'ai l'impression que le monde bascule, que je tombe dans le vide... », raconte Lise. Des crises d'angoisse dont elle peine à se sortir et qui l'épuisent. « Ouvert, éventré, fendu, le temps linéaire devient un temps douloureusement humain, qui commence, file et ne revient pas, [...] et au sein duquel l'homme se sent menacé de finitude[29] », écrit Daniel Marcelli. Une contrainte existentielle que

28. Irvin Yalom, *Thérapie existentielle*, Galaade éditions, 2008. « L'angoisse la plus fondamentale (élémentaire) dérive de la menace de la perte de soi » qui est l'angoisse de mort.
29. Daniel Marcelli, *La Surprise, chatouille de l'âme*, *op. cit.*

nous partageons tous mais qui, dans le cadre du célibat, se ressent d'une manière plus aiguë et douloureuse pour les femmes voulant avoir un enfant. Car, les années avançant, le rapport au temps se resserre autour de la question de la fertilité. Ce à quoi s'ajoute l'injonction à rester jeune et belle qui pèse encore tant sur les femmes. Souffrant de cette double pression, nous sommes nombreuses à envisager ainsi le choix d'un partenaire dans un cadre temporel limité, avec le sentiment que les opportunités de rencontre se réduisent avec les années. Ces injonctions mettent une pression peu propice à la sécurité nécessaire pour une rencontre tranquille avec l'autre. C'est également – le désir d'enfant mis à part – oublier qu'une fin est éventuellement une ouverture sur autre chose, notamment que la sexualité après la ménopause peut être d'une grande liberté. Et c'est rester bloqué sur une absurde beauté plastique qui ferme la porte aux découvertes possibles. « Quand j'ai rencontré Laurence, j'étais gêné qu'elle ne soit plus si jeune, raconte Alain. Ses rides, ses vergetures, son ventre. Pourtant, aujourd'hui, c'est ce qui me plaît le plus. Son corps est le récit de toute son histoire et cela m'émeut qu'elle ait traversé tout cela. Et puis, concrètement, j'adore la douceur de sa peau, ses plis et replis, ses reliefs. »

**Le refuge de l'« ici et maintenant »... sans l'autre**

« Quand j'en ai marre de ne pas trouver de relation sérieuse dans laquelle je puisse m'investir dans le temps long, je me lâche sur Tinder, raconte Lise. Je m'éclate, sans me poser de questions. Je fais des rencontres sans lendemain, sans attaches, sans investissement affectif. C'est égoïste, certes, car je me tourne vers ma satisfaction, sans me soucier de l'autre. » Il est vrai que, face à la perspective désespérante de notre finitude, « profiter de l'instant présent » offre un refuge réconfortant. Sauf qu'au bout d'un moment, remarque Jérôme, « ça vide ; ça abîme un peu, au fond. Lorsque je referme la porte de l'appartement dans lequel j'ai passé la nuit, explique-t-il, je me sens encore plus seul ». C'est l'ultramoderne

solitude. Une succession d'« ici et maintenant » déconnectés les uns des autres, rien que pour soi et sans lendemain.
Une quête qui peut avoir un côté sombre en nous centrant exclusivement sur nos propres besoins, désirs, envies, dans l'indifférence de ceux des autres. Car, dans cet *ici et maintenant* qui n'est plus tendu vers l'*ensuite*, « le développement devient exclusivement personnel et la croissance, qu'elle soit celle de l'individu ou de la société, devient sa propre fin, une fin sans fin. Ainsi, on produit pour produire, on consomme pour consommer, on s'épanouit pour s'épanouir[30] », remarque le gestalt-thérapeute Patrick Colin. Et l'on rencontre sans rencontrer, accumulant les *likes*, les *matchs* et les *dates*, sans dévoilement de soi autre que vestimentaire, sans émerveillement face à l'irréductible différence de l'autre, sa singularité, son exception. Sans engagement, bien sûr, mais surtout avec le minimum d'investissement affectif. Nous ne voyons pas l'autre dans son humanité : nous le réduisons à un objet. Nous n'impliquons pas non plus l'intégralité de notre être et nous ne sommes pas transformés par la rencontre. « On ne se voit que pour le sexe, résume Lise. Après, je ne reste même pas pour prendre une douche. Ce qui n'empêche pas qu'on puisse se recontacter, mais sur le même mode. Pas plus, pas moins. » Chacun y engage peu de soi et y reçoit peu de l'autre. Avec l'avantage de s'exposer peu à la surprise. Avec le risque d'éviter la véritable rencontre. À moins, suggère le philosophe Richard Mèmeteau, de prendre le temps de la « drague postcoïtale » : « Vous avez perdu l'intérêt de séduire pour coucher à tout prix. Vous vous retrouvez tous les deux dans votre plus simple appareil d'égoïsme assouvi. Et il ne reste plus que l'essentiel. Savoir parler, se lier[31]. » Des moments d'une rare intensité dans les draps froissés. Des matins précieux d'ouverture possible.

30. Patrick Colin, *Philosopher en gestalt-thérapie : divers tissements*, L'Exprimerie, 2017.
31. Richard Mèmeteau, Sex friends *: comment (bien) rater sa vie amoureuse à l'ère du numérique*, Zones, 2019.

# Une définition de nous-mêmes pleine de certitudes

« Je me connais, je suis comme ça », répète Célia de manière définitive. Pas de place pour le non-su, le doute, le tâtonnement, l'hésitation, l'imperfection. Et encore moins pour l'étonnement. Ses multiples lectures lui ont permis de bien explorer les villosités de son histoire et d'assez bien comprendre comment, de causes à conséquences, la petite fille est devenue cette femme adulte. Le terrain intérieur est quadrillé, plus grand-chose ne la surprend dans sa façon d'être au monde et de se comporter avec les autres. Elle va chercher les informations, les explications, les expertises qui mettent des théories sur ses inquiétudes. Elle a tout bien compris. Elle maîtrise le sujet dont elle est l'objet. Elle fait le tour d'elle-même, encore et encore, pour éviter la terreur de l'inconnu. Mais elle s'enferme peu à peu, développant une anxiété sociale invalidante. Cloîtrée en elle-même, elle évite de regarder à l'extérieur, toutes les surprises du monde à venir. C'est ainsi qu'elle arrive en psychothérapie. « Quand l'être au monde est perturbé, nous vivons des expériences stéréotypées, notre liberté se rétrécit, nous pouvons avoir du mal à affronter la nouveauté. Mais cela ne se joue pas seulement dans notre rapport aux autres. Cela concerne aussi l'image que nous avons de nous-mêmes, notre représentation du monde et les interactions que nous avons avec l'extérieur[32] », écrit Jacques Blaize.

Célia espère faire le tour de la question de son célibat, accumuler suffisamment de connaissances pour se sentir en sécurité et pouvoir ensuite franchir un pas vers l'incertitude de la rencontre avec l'autre. Elle se prépare, encore et encore, à la vie à venir, s'épuisant dans des préliminaires infinis. Toutefois, enfermée dans une définition d'elle-même immuable, elle ne parvient pas à voir la nouveauté, « tout ce qu'elle ne sait pas encore » ou « pas sous cet angle-là ». Bien protégée

32. Jacques Blaize, *Ne plus savoir : phénoménologie et éthique de la psychothérapie*, *op. cit.*

de ce qui pourrait déstabiliser ses savoirs, ses croyances, ses représentations. C'est ce que la sociologue Eva Illouz a appelé l'« ontologie psychologique du moi », c'est-à-dire une définition de soi par des attributs figés : des « qualités définies, connaissables, stables[33] », que nous pourrions connaître par un mode d'observation et d'évaluation minutieux, pointu et approfondi de nous-mêmes. Avec une telle conception de l'être humain, nous devrions tous être capables de lister les caractéristiques invariables, déterminées et immobiles qui font de nous qui nous sommes. Pratique pour prévoir l'épitaphe de notre futur monument funéraire… ou pour fignoler notre fiche de présentation comme un encart publicitaire, étape incontournable des sites et applications de rencontre. Biberonnés au marketing et à la publicité, nous nous concevons comme une marchandise sur les rayons d'un supermarché. Il convient de peaufiner les détails qui nous feront apparaître en tête de gondole des sites de rencontres (photo indispensable !), de définir notre « cible » de consommateurs (âge, taille, passions communes…), de soigner notre emballage et le *storytelling* de notre marque en enjolivant le récit de notre vie. Trop souvent, ajoute le philosophe et psychanalyste Carlo Strenger, « nous confondons mener une existence et faire une carrière. Nous sommes mis en demeure de raconter notre vie sous la forme d'un CV monnayable : titres obtenus, positions occupées et réussites mesurables[34] ». Au point de confondre plan de carrière et union amoureuse.

Il y a pourtant quelque chose de mortifère à se croire accompli, fini. À se penser dans l'immobilité, à l'abri du mouvement, de la transformation, de la surprise. Car ce n'est qu'à notre dernier souffle que nous pourrons dire qui nous sommes et quelle forme a pris notre existence. Se croire achevé, définitivement défini, persuadé d'être « comme ça et pas autrement » et autres « on ne me changera pas »,

33. Eva Illouz, *Pourquoi l'amour fait mal : l'expérience amoureuse dans la modernité*, *op. cit.*
34. Carlo Strenger, *La Peur de l'insignifiance nous rend fous : une quête de sens et de liberté pour le XXI*e siècle, Belfond, 2013.

c'est se condamner à l'enfermement. Se placer dans le mouvement de la vie, c'est au contraire s'envisager dans le contact avec le monde, dans une identité toujours provisoire, incomplète (voir « Être soi n'est jamais acquis », p. 99). C'est être curieux, s'étonner, admettre que nous avons toujours des choses à apprendre, à découvrir, et que c'est merveilleux. C'est ne pas être trop sûrs de nous-mêmes, de notre savoir, de nos acquis. C'est reconnaître notre imperfection comme notre besoin de l'autre. Mais cela nécessite de ne pas être cloîtrés dans nos convictions, de laisser du vide, de l'air, de la place, pour que ça bouge au moins un tout petit peu. Une ouverture parfois vécue comme un danger, une effraction. Non seulement parce qu'elle pourrait nous exposer au risque de l'autre et de la relation, mais également parce qu'elle nous demande une remise en question de nos certitudes si rassurantes. Ce remaniement de l'ensemble des savoirs et des représentations que nous avons de nous-mêmes peut être pris comme un vacillement, un vertige, une insupportable perte de repères. D'ailleurs, ajoute le gestalt-thérapeute et psychologue clinicien Jean-Marie Robine, « avant de désigner le sentiment de surprise, d'inattendu, […] l'étonnement évoquait une violente secousse physique. Ainsi, et plus tard, on parlera d'étonnement en architecture pour désigner une lézarde dans un édifice, en joaillerie une fêlure dans un diamant[35] ».

## EXERCICE

### Les petits papiers de l'identité

Dans un cadre tranquille, avec suffisamment de temps devant vous et l'assurance de ne pas être dérangé, écrivez sur plusieurs petits papiers une dizaine de réponses à la question : « Qui suis-je en ce moment ? » Réfléchissez bien à vos réponses qui doivent

35. Jean-Marie Robine, *Gestalt-thérapie : la construction du soi*, *op. cit.*

avoir du sens pour vous. Disposez-les ensuite en arc de cercle devant vous, classées de la plus importante à la moins importante. Considérez maintenant le papier le plus éloigné : sentez comment cette réponse résonne, ce qu'elle signifie, d'où elle vient, comment vous en avez hérité, comment vous l'avez construite, choisie... Vous convient-elle encore pleinement ? Aimeriez-vous la changer ? La rapprocher ou l'éloigner plus ? La compléter par un mot, un dessin ou la remplacer par une autre réponse plus pertinente ? La chiffonner car vous n'en voulez plus ? Procédez ainsi avec chacun des petits papiers. Voyez comme vous pouvez les réorganiser jusqu'à sentir que la disposition est juste pour vous, aujourd'hui. Rien de figé ni de définitif : cela permet seulement de regarder comment vous vous voyez en ce moment. Si vous refaites l'exercice dans quelques jours, cela pourrait être différent : d'autres réponses, une autre disposition, une autre façon de modifier les petits papiers...

## Trouver le nœud du problème… et nous y accrocher

Pris dans notre familier si rassurant, dans un temps circulaire que rien ni personne ne vient déranger, nous sommes aussi prompts à chercher dans les profondeurs de notre passé et de notre psyché l'origine de notre détresse amoureuse. De trouver l'explication définitive, *la* cause qui pourrait tout expliquer. Avec l'espoir qu'en mettant le doigt sur le nœud du problème, nous pourrions nous en libérer. Nous voici devenus des archéologues, interrogeant sans cesse notre histoire familiale, transgénérationnelle, développementale, explorant nos souvenirs infantiles et disséquant nos relations précoces, encore et encore. Bien sûr, nous sommes faits de notre histoire, de la manière dont nous avons été attendus, accueillis, regardés, touchés, socialisés depuis notre plus jeune âge. Nous avons été modelés par nos expériences relationnelles avec nos parents, nos camarades d'école, nos amis, nos amours, nos rencontres professionnelles... Il ne s'agit pas de nier l'importance de notre passé individuel ou familial, le poids de notre généalogie, des éventuelles loyautés qui nous happent, mais de rester prudents vis-à-vis d'un mécanisme causaliste faisant de notre présent la conséquence univoque de notre histoire. D'autant que la vérité psychologique n'est pas une vérité historique. Le vécu d'un événement est toujours subjectif, coloré de nos émotions, de nos croyances, de nos interprétations, de notre vision du monde. Nos souvenirs sont sélectifs, orientés, infimes par rapport à la complexité de l'expérience vécue, et inévitablement reconstitués par notre regard actuel.

Cette quête archéologique présente plusieurs écueils. Le premier est de confondre explication et « originologie », c'est-à-dire, selon Irvin Yalom, « la croyance que pour expliquer quelque chose il est nécessaire d'en dévoiler les origines ou, au moins, d'établir un lien entre l'événement présent et quelque situation antérieure[36] ». C'est concevoir la recherche du sens comme un sens unique, voire une voie sans issue, fermée à double tour et dont la clef serait cachée dans le passé. Or, la création de sens, c'est-à-dire la possibilité créative, variable et subjective, de faire des liens entre des événements du passé et du présent, de s'interroger sur leur résonance, leur ressemblance, et sur leurs divergences, est tout à fait différente de l'interprétation qui réduit l'expérience à une cause unique et définitive. Pour tenter de comprendre, de saisir ce qui nous arrive, d'y voir un peu plus clair, nous nous rassurons avec des explications déterministes, mécaniques, les mêmes causes produisant les mêmes effets. Des explications qui sonnent alors comme des injonctions, par exemple pour Lucas, persuadé de ne pas être aimable *puisqu*'il a été abandonné à la naissance ; ou pour Juliette qui voit la répétition de couples malheureux dans ses ascendants comme une condamnation : « Chez nous, pas de bonheur en amour possible. »

36. Irvin Yalom, *Thérapie existentielle*, *op. cit.*

**Sophie, définitivement pas désirée**

Arrivée dans mon cabinet « un peu par hasard, parce qu'il n'y avait pas de place ailleurs », Sophie souhaite entamer une psychothérapie pour « arrêter de tout rater » dans sa vie, notamment amoureuse. Elle sort d'une rupture difficile : « Ma compagne m'a quittée pour quelqu'un de plus dynamique, plus joyeux, plus facile à vivre. C'est vrai que j'ai un caractère de cochon... » Au fur et à mesure de la séance, je prête attention à mes ressentis : mes épaules s'alourdissent, j'aimerais m'enfoncer dans mon fauteuil, regarder par la fenêtre, m'endormir... J'ai envie de tout sauf de l'écouter, de l'accueillir, de la soutenir, comme devrait le faire un « bon » thérapeute. Cela vient peut-être de ma propre fatigue, mais aussi possiblement de la situation que nous vivons ensemble. Quand je lui fais part de ma lourdeur, elle répond, du tac au tac : « Je n'ai jamais été très intéressante. Depuis toute petite, j'ennuie tout le monde. Je suis la dernière de ma famille, arrivée comme un cheveu sur la soupe. Vraiment pas désirée, c'est sûr. Ça pose une vie. » Et c'est également de cette façon, découvre-t-elle peu à peu, qu'elle se pose dans la vie : pas attendue, pas choisie, ennuyeuse, moins bien que les autres, inopportune... Elle raconte son histoire comme si elle n'avait jamais rien décidé. Comme si elle-même, enfant non voulu par ses parents, n'avait d'ailleurs pas le droit de vouloir quoi que ce soit. Elle vit les circonstances de son arrivée au monde comme une fatalité, une prescription. Il lui est absolument impossible d'imaginer qu'elle puisse choisir une relation, même thérapeutique.

C'est le deuxième écueil : nous écrasons notre singularité sous une généralisation simplificatrice. Alors que la beauté et la richesse de la vie résident justement dans sa complexité, nous l'affadissons avec des vérités trop faciles, réductrices, caricaturales. À force d'entendre partout et de manière parfois un peu trop simpliste que l'explication d'un problème prend sa source dans une enfance un peu trop ceci ou pas assez cela, nous avons en effet vite fait d'en conclure : « Si je suis comme ça, c'est parce que mon enfance était ainsi », puis « avec une telle enfance, je ne peux pas être autrement », balayant au passage notre responsabilité à mener aujourd'hui une vie que nous choisissons. « La névrose est criblée de causes et d'effets[37] », résume le gestalt-thérapeute Michael Vincent Miller. Des effets qui sonnent comme des défaites face aux inattendus et aux surprises à venir.

C'est le troisième écueil de l'enfermement de soi dans une signification définitive : nous traçons le sillon de la fatalité. Nous imaginons une histoire pré-écrite à partir d'événements disparates du passé, comme une prophétie à laquelle nous ne pouvons échapper. Nous habillons d'une nécessité secrète ce qui était peut-être un hasard, un coup de chance, une opportunité. Ou, inversement, la faute à « pas de bol ». Or, remarque le psychiatre et psychanalyste François Ansermet, « on finit par croire à ce sens donné rétrospectivement. Jusqu'à parfois s'imaginer des névroses de destinée[38] » qui nous asservissent. Spécialistes de la prédiction du passé, nous courons le risque de nous piéger dans un système de causalité. Ce dîner raté faute de batterie dans notre téléphone devient un signe du destin, de « ce qui devait être » ou « ce qui était écrit », oubliant que nous pouvons toujours rappeler pour nous excuser et convenir d'un autre rendez-vous. Et que, peut-être, cela a moins à voir avec notre enfance, notre image du couple, notre relation à l'autre qu'avec l'obsolescence programmée de notre téléphone.

37. Michael Vincent Miller, *La Poétique de la gestalt-thérapie*, *op. cit.*
38. François Ansermet, « Éloge de l'inattendu », *in* René Frydman et Muriel Flis-Trèves (dir.), *L'Imprévu : infortune ou opportunité ?*, PUF, 2015.

**Jeanne et les liens du passé**

Jeanne est experte en mathématique intime : « Nous avons émigré en 1954. Je suis la quatrième enfant, mais j'aurais dû être la cinquième car je suis née après une fausse couche. Je porte le poids de toute la tristesse que ma mère a vécue avec le déracinement et la perte de ce bébé. Mon histoire n'est faite que d'abandons, d'arrachements. Évidemment mon mari m'a quittée alors que notre fils avait cinq ans. C'est un signe ! J'aurais aimé rencontrer quelqu'un d'autre mais, aujourd'hui, passé cinquante-quatre ans, c'est bien sûr impossible », m'explique-t-elle, jonglant avec les dates et les protagonistes de son histoire avec la dextérité, dit-elle, d'une « tapissière qui reprendrait le fil de sa vie pour en faire une immense tenture, une œuvre jamais finie, comme Pénélope attendant Ulysse ». « C'est agréable », constate-t-elle en s'enlaçant de ses bras comme dans un câlin. Elle se sent « ligotée, bien tenue, contenue ». Tout a un sens. Je lui demande : « N'est-ce pas lassant de tisser toujours la même scène ? » « Non, c'est sécurisant, familier. Au moins, je ne suis pas surprise... » Mais Ulysse ne vient pas. « Pénélope trouve le temps long », me dit-elle quelques mois plus tard. Cette fois, l'image de la tapissière l'oppresse : « J'ai du mal à respirer. Dans ma gorge, l'air est comme un tout petit ruisseau qui peinerait à se frayer un chemin au milieu de vieux arbres cassés, arrachés par la tempête, de racines tortueuses, de lianes qui l'accrochent. Je ne peux pas passer ! J'étouffe ! » L'entrelacs de significations la maintient désormais prisonnière. Ce qui donnait auparavant un sens, la rassurait dans le « bien compris » de son passé et colorait l'avenir de certitudes inéluctables, est devenu trop enfermant.

L'avantage du destin, c'est son fatalisme : si je sais de quoi demain sera fait, je ne suis pas inquiet. C'est l'effet soulageant de l'inéluctable, de la nécessité, du déterminisme. « C'est rassurant pour chacun de s'imaginer qu'un jour il aura accès au véritable pourquoi ; que, enfin, il aura la vérité sur qui il est ; c'est rassurant de s'imaginer cela, c'est rassurant d'avoir des certitudes, c'est rassurant de savoir que si l'on souffre, c'est à cause de tels événements, de telles personnes ou encore de telle ou telle filiation[39] », écrit Jacques Blaize. Il n'y a pas d'inconnu, pas de surprise, donc pas d'angoisse. Et pas trop de liberté non plus. C'est d'ailleurs le propre de la tragédie, dans laquelle les héros sont des marionnettes prisonnières de leur destin : « Que le tireur de fil soit un dieu ou un sentiment (par exemple l'amour) ne change rien à l'affaire, remarque Daniel Marcelli. L'être humain ne s'appartient pas, il est sous emprise et rien ni personne ne peut l'en dégager : nulle surprise à attendre. La tragédie ne supporte pas la surprise, c'est même ce qui fait le ressort du tragique. Le héros, quoi qu'il fasse, avance inéluctablement vers l'échéance prévue dès l'ouverture du rideau [...] seule la mort, et non la vie, apparaît comme l'issue inéluctable[40]. »

Si trouver *la* cause originelle et explicative peut nous tranquilliser, c'est aussi terriblement enfermant. Parce que si notre souffrance est uniquement causée par un événement du passé, nous sommes condamnés à aller mal. Nous subissons une histoire que nous ne pouvons modifier. « Le problème de ce système explicatif, ajoute Irvin Yalom, est qu'il porte en lui les germes du désespoir thérapeutique. Si nous sommes déterminés par le passé, d'où provient alors cette capacité à changer ? » Quelle est notre liberté, notre responsabilité aujourd'hui ? Entre la cause et l'effet, il y a pourtant une bifurcation éventuelle, un espace pour choisir un autre chemin. Un moment suspendu d'invention possible, de créativité, voire de folie. Nous touchons là encore à la question de la liberté car cela signifie que nous ne sommes pas réductibles à notre passé. « Chaque sujet est l'auteur et l'acteur de sa destinée, à partir de l'inattendu auquel il est soumis, écrit le psychanalyste François Ansermet. Il choisit, il répond, mais surtout il invente[41]. »

39. Jacques Blaize, *Incertitudes et évidences de la gestalt-thérapie*, L'Exprimerie, 2017.
40. Daniel Marcelli, *La Surprise, chatouille de l'âme, op. cit.*
41. François Ansermet, « Éloge de l'inattendu », *op. cit.*

## EXERCICE

### Multipliez les causes possibles

Pour commencer à introduire une brèche dans l'illusion d'une cause unique, astreignez-vous à faire au moins trois, quatre ou cinq hypothèses. Non pas pour tenter de découvrir ce qui serait la « bonne » réponse mais pour ouvrir les possibilités[42]. En faisant la liste, par exemple, de tous les facteurs qui pourraient avoir joué dans une séparation amoureuse passée : est-ce l'usure du couple, l'évolution divergente de vos projets de vie, les différences de caractère qui se sont accentuées ? Quelle a été l'influence d'un événement extérieur ou d'un changement de contexte (une distance géographique, un problème de santé, un conflit familial ou professionnel…) ? Qu'est-ce que cela dit de vos visions du monde, de vos valeurs, de vos désirs ?

Sophie, pour qui le départ de sa compagne n'était qu'une nouvelle preuve de son insuffisance (voir témoignage p. 37), a ainsi identifié que le fait qu'elle ne veuille pas vivre à la campagne – ce que désirait ardemment son ex – a été déterminant. Elle a constaté qu'elles avaient des manières de vivre dissemblables et des difficultés à partager des moments ensemble : Sophie aimait écouter de la musique pendant des heures, regarder des films sous la couette, dessiner, tandis que son ex entretenait une vie sociale importante, sortait beaucoup, faisait du sport d'équipe. « Et puis, intimement, nous nous sommes beaucoup éloignées les derniers temps », a-t-elle confié aussi. De la cause unique et extérieure (ne pas avoir été une enfant désirée) qui faisait de sa vie une tragédie, elle a tiré quelques nouveaux fils de compréhension dans lesquels sa responsabilité, ses envies, ses choix de vie pouvaient désormais apparaître.

---

42. Je m'inspire ici d'une proposition de Jacques Blaize (communication personnelle).

# Des idéaux et des injonctions contradictoires

## La surprise du coup de foudre… entre semblables

Pris dans les filets de la détresse amoureuse, il serait injuste de ne nous centrer que sur des explications psychologiques individuelles. Il est en effet indispensable d'élargir notre point de vue, de ne pas éluder la responsabilité d'un modèle romantique défectueux, pétri d'injonctions contradictoires. Un idéal qui nous fait tant rêver qu'il rend la réalité maussade, décevante, tristement banale.

« Toute définition est générale, tout amour est particulier[43] », écrit le philosophe Francis Wolff, qui décèle tout de même « une musique

43. Francis Wolff, *Il n'y a pas d'amour parfait*, Fayard, 2016.

de fond presque constante, un thème et de multiples variations». Et le thème musical qui revient le plus est bien celui du coup de tonnerre, depuis le premier coup de foudre historiquement attesté, celui du pharaon Ramsès II tombant amoureux au premier regard d'une princesse dont il fait aussitôt son épouse[44]. Soudaineté, brutalité, instantanéité sont les caractéristiques invariables du coup de foudre à travers les âges. Les explications[45], en revanche, ont varié. Éminemment historiques car dépendantes des valeurs, des croyances, des intérêts, des clichés amoureux du moment, elles ont été surnaturelles (magiques, mystiques, religieuses dans un cadre monothéiste ou polythéiste...), sociales (culturelles, sociologiques...), psychologiques, scientifiques (vues comme une pathologie, expliquées par les fluides magnétiques, les phéromones...).

C'est ainsi qu'au cours de l'histoire la notion de coup de foudre s'est considérablement complexifiée, chaque époque ajoutant son interprétation, complétant les précédentes avec ses propres préoccupations. Si bien qu'au bout de cette longue route, les célibataires du XXI^e^ siècle portent dans leur imaginaire et dans leurs attentes une conception de la rencontre amoureuse nécessairement foudroyante... mais un peu fourre-tout ! Si l'irruption rapide du sentiment en est un critère incontournable, il peut par exemple surgir entre inconnus comme entre amis. Qu'importe, tant que l'étincelle est là et que le changement de regard est brusque, imprévu et surprenant. Et ce, même sur Internet, à condition de rester dans les clous d'une rassurante homogamie, d'un entre-soi social.

44. Jean-Claude Bologne, *Histoire du coup de foudre*, Albin Michel, 2017.
45. *Ibid.*

**Magali: « Même sur Internet, il y a toujours la surprise de la rencontre »**

« Tu as beau remplir le questionnaire qui te met en relation avec le partenaire qui te correspondrait exactement, lui demander précisément ses goûts, lui faire détailler sa vie, ses attentes, lui parler au téléphone... il y a toujours la surprise de la rencontre. Ce qu'il a mis sur sa fiche donne une indication mais personne n'est dupe: c'est juste une manière de se montrer sous son plus beau jour. En vrai, au moment où je le rencontre, je suis étonnée par une énergie, une présence, des gestes, un regard... C'est toujours inattendu. »

De manière générale en effet, nous nous unissons plutôt dans le même milieu, avec une personne qui a plutôt les mêmes valeurs, le même projet de vie que nous et qui appartient à la même catégorie socioprofessionnelle. Cette sélection se fait d'habitude sans que nous y prêtions attention car le contexte de la rencontre se charge de l'assurer à notre place. Ainsi, nous nous rencontrons dans des mariages (même milieu social), au travail (même catégorie socioprofessionnelle), dans un « rallye » ou un bal de village, lors d'une fête liée à une activité, une religion ou un événement associatif (mêmes passions, mêmes valeurs), etc. Ce faisant, nous sommes sûrs de partager des points communs. Si bien que « le hasard de la rencontre n'existe qu'à l'intérieur d'un tout petit choix de partenaires possibles, le groupe des éligibles[46] », écrit le neurologue et psychiatre Boris Cyrulnik.

Pour rencontrer quelqu'un qui nous ressemble et nous éviter une trop grande incertitude, nous nous attachons aussi, parfois sans nous en rendre compte, à des signes extérieurs significatifs. Delphine, qui

46. Boris Cyrulnik, *Sous le signe du lien*, Fayard/Pluriel, 2010.

a rencontré son compagnon dans une salle de cinéma loin de chez elle, se souvient de s'être accrochée aux éléments familiers qui se dégageaient de cet inconnu : « Il avait des Converse dont le look élimé m'a rassurée. Et puis il m'a tenu la porte en sortant. J'y ai vu de la délicatesse, de l'attention. » Une reconnaissance de marqueurs signifiants qui n'étonne pas Boris Cyrulnik : « Tout ce qui permet d'érotiser possède une fonction sociale d'harmonisation du couple, repéré dès la première interaction. Ce flash indique l'être qu'on va rencontrer, son discours social et son projet d'existence[47]. » Un flash par lequel nous recueillerions infiniment plus de renseignements qu'avec un long discours.

Avec sur le Net – peut-être un peu plus que dans la vraie vie – le risque d'enfermer l'autre dans des préjugés. D'abord parce que l'échange par écran interposé nous coupe de précieuses expressions non verbales (regard interrogateur, soupir discret, sourire esquissé, etc.), de ce qui s'éprouve sans se dire, se devine sans être explicité… Autant d'éléments qui modulent l'image que nous pourrions avoir de l'autre, qui la rendent plus complexe, plus vivante. Mais aussi parce que sur les sites ou les applications de rencontre, la sélection des prétendants est un point de départ, la première étape qui, espère-t-on, ouvrira sur l'inattendu du coup de foudre – dans un échantillon déjà préétabli. Car si nous partons avec l'illusion d'un flirt sans frontière sociale ni géographique, les rencontres *online* nous font prendre conscience « des efforts quotidiens et des calculs parfois mesquins que l'on opère pour rester dans un confort social, dans un entre-soi. Perdu au milieu d'un océan de profils, on nage alors le plus désespérément possible vers les rives de notre petite île familière[48] ». Si éditer sa fiche de présentation consiste d'abord à se définir, à remplir des champs (passions, attentes, profil recherché…), à cocher des cases, à répondre à des questions précises (poids, taille,

47. *Ibid.*
48. Richard Mèmeteau, Sex friends : *comment (bien) rater sa vie amoureuse à l'ère du numérique*, *op. cit.*

couleurs des cheveux, des yeux, cuisine favorite...), énoncer nos propres critères nous engage à être plus exigeants sur ceux des autres. C'est alors que tombent les implacables facteurs de sélection. Alors que « dans la fable de l'amour romantique, [...] personne ne commence la conversation par une dictée suivie d'une correction de copie », sur Internet, « à peine mise en contact avec tous ces profils, la classe moyenne supérieure sort son stylo rouge et souligne les fautes d'orthographe[49] ». Après cette vérification de compatibilité de capital culturel, c'est la capacité à endosser les mêmes codes qui est jugée. D'après l'enquête de la sociologue Marie Bergström, en effet, les classes populaires valorisent les formules explicites alors que les plus favorisés préfèrent l'ambiguïté des intentions[50].

**Martin : « Les rencontres *online* sont trop frontales »**

« Je trouve les rencontres *online* bien plus dangereuses pour l'estime de soi que celles dans la vie réelle. Il faut avoir le cœur bien accroché, c'est vertigineux ! Rien pour nuancer un peu le face à face : pas de regard en biais pour vérifier que la fille me plaît, de petit sourire pour voir si elle accroche, de conversation légère pour tâter le terrain... et pas de possibilité de changer d'avis discrètement. Non, tout est trop frontal ! Elle sait presque tout de moi (ma taille, mon poids, mon goût pour la musique brésilienne, etc.), connaît mes attentes et sait que je rame pour rencontrer quelqu'un (sinon je ne serais pas inscrit sur cette appli). Je m'expose à entendre qu'elle ne me trouve pas à son goût, que je suis pas assez ceci (funky, grand, cultivé... ça varie) ou trop cela (silencieux, superficiel...) ou à me faire *ghoster* si elle a l'inélégance de ne plus répondre à mes messages par la suite. Si elle ne me plaît pas, il me faudra le lui dire clairement

49. *Ibid.*
50. Marie Bergström, « (Se) correspondre en ligne : l'homogamie à l'épreuve des sites de rencontres », *Sociétés contemporaines*, vol. 4, n° 104, 2016. Cité par Richard Mèmeteau, Sex friends : *comment (bien) rater sa vie amoureuse à l'ère du numérique*, *op. cit.*

aussi. C'est rude ! Bien sûr, on commence par échanger un peu avant de se voir, mais c'est *fake*. C'est même encore pire car j'ai intérêt à avoir autant d'esprit et d'humour qu'en ligne, sur le *chat* ! »

## La rencontre amoureuse, entre passion et raison

Coup de foudre ou coup de fièvre ? Épiphanie ou maladie ? Œuvre de Dieu ou du diable ? L'iconographie qui traduit la vélocité de l'amour (les ailes, le cheval, l'amour associé au vent des montagnes chez Sappho, « rapide tourbillon du vent[51] » chez Aristophane) est-il le signe de sa brièveté ? L'amour né de la flèche fatale, à la différence du bonheur matrimonial, est-il nécessairement funeste et douloureux ? Autant de questions qui parcourent l'histoire de la rencontre amoureuse et auxquelles chaque époque tente de répondre selon ses préoccupations morales. Une évolution difficile à appréhender comme une progression claire tant sa dynamique est complexe, contrastée, parfois contradictoire. Certains moments historiques distinguent la passion qui brûlerait à l'extérieur du mariage, de la raison qui existerait en son sein, par exemple avec le cadre extra-conjugal de l'amour courtois du preux chevalier pour sa dame. D'autres époques tentent au contraire de ramener la passion dans le couple légitime pour la transformer en une relation durable, voire éternelle, en y introduisant la notion d'engagement. C'est par exemple ce que tente le christianisme médiéval en intégrant en 1184 le mariage à la liste des sacrements. « Au moment de la bénédiction nuptiale et de l'échange des consentements, les époux reçoivent une grâce capable de fonder en un instant l'amour conjugal[52] », écrit Jean-Claude Bologne. Une sorte de coup de foudre officiel qui

51. Jean-Claude Bologne, *Histoire du coup de foudre*, *op. cit.*
52. *Ibid.*

n'empêche pourtant pas les élans hors mariage. À croire que l'amour, oiseau rebelle, enfant de bohème ou gamin terrible, est justement ce qui dépasse du cadre, ne s'y laisse pas définir ou le transgresse, et que la société ne cesse d'essayer de contrôler en tirant sur la laisse pour le faire revenir dans les institutions. C'est toute l'utilité du mythe du coup de foudre : ramener dans le giron de la société les amours buissonnières, transformer la marginalité qui isole les amants en une union acceptable, canaliser les forces perturbatrices en un récit collectif. Car il y va de la survie du groupe de veiller à faire régner l'ordre… tout en autorisant quelques originalités bien maîtrisées. « Aucune société humaine ne peut se fonder sur le seul respect de l'ordre existant : elle serait menacée d'ankylose ou d'immobilisme et ne pourrait survivre longtemps. Le coup de foudre est donc la part de désordre qui permet d'éviter la sclérose et d'organiser en permanence un nouvel ordre qui dépasse l'ancien[53]. »

Si bien qu'aujourd'hui la question nous agite encore. Nous voilà pris entre la promotion de la passion amoureuse comme fondement, ferment et stimulant d'un couple vivant… et l'idéal de la conjugalité solide, apaisée, peut-être moins exaltante mais permettant un attachement rassurant et durable. À cela s'ajoutent d'autres normes antagonistes qui nous coincent : d'un côté, la culture judéo-chrétienne se méfie des désirs et envies (sexuels et autres) ; de l'autre, celle de la consommation les érige en fondements légitimes et irrésistibles de nos choix[54].

Autre contradiction à laquelle nous sommes confrontés : alors que les sites de rencontres nous promettent la satisfaction de nos rêves les plus fous, nous sommes bien obligés de développer des stratégies rationnelles pour nous y retrouver dans la profusion des prétendants. Il faudrait ainsi, par exemple, être submergés de désir pour l'autre… tout en filtrant par critères de sélection. Que l'expérience de la rencontre soit à la fois totale, holistique et intuitive, mais aussi

53. *Ibid.*
54. Eva Illouz, *Pourquoi l'amour fait mal : l'expérience amoureuse dans la modernité*, *op. cit.*

raisonnée, bien pensée et pesée. De la même manière, nous attendons le coup de foudre comme une révélation, un bouleversement radical… en idéalisant la connaissance lente et progressive de l'autre, cumulative, inscrite dans la longue durée. Que cela soit un choix individuel mais approuvé par l'entourage. « Avant de m'engager avec Cédric, j'ai eu besoin de la validation de mes amis et de ma psy, raconte Stéphanie. Il a quatorze ans de moins que moi, il n'a pas de titre de séjour, ni de boulot, des problèmes de santé… À quarante ans, c'était la première fois que je présentais quelqu'un à ma famille et ils attendaient un autre profil. Ils avaient déjà admis que je ne ferais pas ma vie avec quelqu'un de la même religion que nous mais, sans que cela soit dit ouvertement, il fallait compenser cette déception par un profil avec un bon niveau socioculturel, ce qui n'était pas le cas de Cédric à leurs yeux. Quand j'étais avec lui, j'étais bien. Cependant, avant d'officialiser notre couple, j'avais besoin d'être rassurée sur ma clairvoyance. Sans l'avoir rencontré, mes amis m'ont assuré de leur confiance et de leur soutien. J'ai alors pu me lancer. »

**L'alchimie de l'amour parfait**

Dans un passionnant petit ouvrage intitulé *Il n'y a pas d'amour parfait*, le philosophe Francis Wolff définit l'amour comme alchimie de l'amitié, du désir et de la passion : « L'amour se nourrit de ces trois substances, différemment à chaque rencontre et à chaque moment, et différemment pour chacun ou pour chacune[55]. »

Comme l'amitié, l'amour se doit ainsi d'être une relation élective à quelqu'un d'autre dont on se soucie et auquel on veut du bien ; le désir en plus, sinon cela resterait de l'amitié. Avec une inscription dans la durée ou un soupçon d'attachement supplémentaire,

55. Francis Wolff, *Il n'y a pas d'amour parfait*, *op. cit.*

voici la relation de *sex friends* constituée, comme son nom l'indique, d'amitié *et* d'attirance charnelle. Mais toujours pas le grand amour. C'est qu'il faut de la passion, troisième ingrédient indispensable. Pourtant ni l'amitié, ni la passion, ni le désir ne sont à eux seuls de l'amour. Ce que nous visons, chacun à notre façon, c'est bien la fusion, l'alchimie merveilleuse qui transformera l'alliage des trois éléments en or. « L'amitié apporte la joie ; la passion l'allégresse ; et le désir ses jouissances. L'amour peut donner tout cela, selon les cas, selon les jours[56] », affirme Francis Wolff. Mais ô rage, ô désespoir ! Le mélange est instable, hétérogène. Parfois insipide, parfois explosif, suggère le philosophe. Les trois composantes ne jouent pas collectif et parviennent rarement à s'harmoniser tout à fait entre elles.

# Le couple au service de notre développement personnel

À ces idéaux traditionnels se superpose une conception très contemporaine du « développement personnel » (« DP » pour les intimes), dont les effets sont parfois paradoxaux. Car si le DP part de la belle intention de nous enrichir, de nous ouvrir les portes du mieux-être, il s'érige trop souvent en injonction au changement. Nous ne serions pas assez éveillés, pas assez conscients, bref, pas comme il faut. Les impératifs déguisés en conseils nous fragilisent. Si bien que nous nous sentons perpétuellement imparfaits car pas « assez » heureux ou n'ayant pas suffisamment exploité notre potentiel. Ce qui finit par imprégner notre vision du couple. Au-delà de la satisfaction de nos désirs, nous attendons désormais d'un partenaire amoureux qu'il incarne la base sécurisante qui nous permettrait de nous ressourcer face aux agressions de la vie sociale, *et* de nous affirmer personnellement.

56. *Ibid.*

Il ne s'agirait plus seulement d'être avec l'autre en restant soi, mais de faire du couple l'accès à la réalisation de soi. Le couple n'est plus uniquement la valeur refuge, incarnant la stabilité, la sécurité, mais le lieu d'une évolution, du mouvement, voire du renouvellement permanent de soi et de ce qui nous lie à l'autre. Or, la rencontre s'avère d'autant plus difficile qu'elle est investie de toutes ces attentes. L'autre doit être à la fois livré parfait *et* avec un potentiel d'amélioration ; savoir se remettre en question, évoluer, mais *sans* changer trop non plus ; nous voir comme accompli, *tout* en nous promettant de nous soutenir « pour le meilleur et pour le pire » de notre développement à venir.

Parvenir à se mettre d'accord sur la possibilité d'une construction commune devient plus complexe et délicat. Nous attendons la fidélité, la stabilité émotionnelle des normes conjugales classiques, mais aussi l'ouverture au monde, la flexibilité, l'adaptabilité comme source d'épanouissement. Ce à quoi Eva Illouz ajoute l'exigence d'authenticité qui nous demande de scruter nos sentiments et ceux de l'autre afin de décider de l'importance, de l'intensité et de la signification future de notre relation. « Est-ce que je l'aime réellement ou s'agit-il simplement de désir sexuel ? », « Si je l'aime, à quel point mon amour est-il profond, intense et véritable ? » Les émotions, instables par nature, deviennent le fondement de la rencontre et la motivation de l'engagement[57]. Ce qui nécessite d'abord que nous nous connaissions bien, que nous ayons effectué un examen approfondi de nous-mêmes et que ce processus d'introspection nous ait permis de gagner en certitude sur notre propre personne. Au risque de nous parer contre tout inattendu, donc de rater la rencontre amoureuse.

57. Eva Illouz, *Pourquoi l'amour fait mal : l'expérience amoureuse dans la modernité*, *op. cit.*

« Désormais tributaire du seul sentiment amoureux, le couple s'affirme comme un duo réunissant deux individualités autonomes[58] », écrit le sociologue Gérard Neyrand. Soumis à la nécessité du plaisir partagé, du développement de soi vers la réalisation individuelle et de la satisfaction sexuelle de chacun des partenaires. Placé sous le couperet d'une authenticité émotionnelle par définition changeante. Le lien est électif, personnalisé, révocable. Et la rupture menace si l'un ou l'autre n'y trouve plus son compte.

## Construire un couple singulier, sans trop nous éloigner de la norme

En l'espace d'un demi-siècle, les formes possibles de couples se sont incroyablement diversifiées : avec ou sans enfant ; en concubinage, pacs, mariage ; cohabitants ou non ; homos, hétéros, bi ou pansexuels ; *no sex*, polyamour, exclusivité ou libertinage... Si nous ne pouvons que nous réjouir de cette ouverture – les carcans passés ont si souvent été générateurs de souffrance –, il est aussi intéressant de regarder comme cela peut troubler la rencontre amoureuse et nous soumettre à un stress relationnel. Et ce, pour plusieurs raisons.

D'abord parce que si elle s'est dégagée des motifs traditionnels du mariage (sociaux, économiques, procréatifs, patrimoniaux, filiatifs...), la norme s'est déplacée sur l'indispensable sentiment amoureux. Mais qu'est-ce que le sentiment amoureux ? Diffus, indéfinissable, voire « objet imaginaire inaccessible à la compréhension de ceux qui le ressentent, souligne même Gérard Neyrand, il s'en trouve placé au cœur de la quête conjugale, et de ce fait rend le couple extrêmement fragile[59] ». Ensuite parce que nous sommes chacun amenés à repenser et à redéfinir l'idée de couple. Nous devons

58. Gérard Neyrand, *L'Amour individualiste : comment le couple peut-il survivre ?*, Érès, 2018.
59. *Ibid.*

individuellement nous dépatouiller avec le paradoxe d'une norme sous-jacente, ouverte mais contraignante, et l'injonction à être « hors norme », à suivre nos désirs, à choisir « notre » manière de faire couple hors des sentiers battus. Être comme tout le monde, tout en affirmant notre singularité, notre « self-norme[60] », c'est l'une des injonctions contradictoires qui nous assaillent.

Pour autant, la norme ne s'est pas affaiblie. Plus informelle mais toujours coercitive. Il ne s'agit plus de choisir entre ce qui est permis ou interdit par la loi, mais de tracer notre chemin dans les eaux plus troubles de l'autorisé et du mal vu, du politiquement correct et de ce qui ne l'est pas. Ce qui nous expose possiblement à une grande anxiété. Car si le cadre de la loi est censé être précis, transparent, rigoureux, celui des mœurs est mouvant, informel, plus facilement interprétable subjectivement. Non seulement nous devons trouver notre propre définition du couple, mais nous devons également être suffisamment au clair pour pouvoir la partager avec l'autre, l'élaborer ou la réélaborer en commun en vue d'une relation plus approfondie. Et ce, assez vite dans le processus de rencontre. Un malentendu est si vite arrivé !

Comme nous le verrons un peu plus loin (« La rencontre tellement maîtrisée que nous la ratons », p. 85), une des manières de ne pas nous perdre dans le monde nébuleux des rencontres amoureuses est de tenter de les quadriller, de les cartographier ; de les ramener dans des cadres explicites, compréhensibles et partagés ; d'en évacuer le flou, l'indéterminé, l'incertain.

60. *Ibid.*

**Delphine : « Le sens que je trouve à notre histoire, c'est le plaisir à être ensemble »**

« Au début de ma relation avec Marc, j'ai pris soin de ralentir. Ce n'était pas un effort, au contraire : un pied total ! J'ai découvert un immense plaisir à goûter chaque instant, comme si le temps était ciselé. Sans projet. Après notre première nuit ensemble, avant que je ne reprenne la route, il m'a dit : "Je ne sais pas si on se reverra, mais c'était déjà une très belle rencontre." Et depuis, ça n'a pas changé. Tout est ouvert. Nous habitons à huit cents kilomètres l'un de l'autre, nous n'avons plus l'âge d'avoir des enfants ensemble. Où cela mène-t-il ? Nous n'en savons rien. C'est parfois angoissant car j'ai besoin de m'accrocher à quelque chose, de définir notre histoire. Le sens que j'y trouve, c'est le plaisir à être ensemble. C'est aussi la première fois de ma vie que je suis heureuse sexuellement. Dans les sensations, le rythme, l'enchaînement... C'est toujours nouveau, fluide. Là aussi, je me découvre une grande liberté et un plaisir à prendre le temps, à laisser les choses se faire. C'est une immense découverte. Cette relation nourrit mon cœur, mon corps et mon âme. »

# La rencontre si attendue… mais inatteignable

## Quand la réalité n'est pas à la hauteur de la fiction

« Il y a des gens qui n'auraient jamais été amoureux s'ils n'avaient jamais entendu parler de l'amour[61]. » Par cette maxime cruelle, La Rochefoucauld souligne la facticité de certaines unions, mais peut-être aussi la part fictionnelle après laquelle nous courons dans l'amour. « Aucun amour n'est originel », écrit le philosophe et sémiologue Roland Barthes[62]. c'est-à-dire qu'il est toujours suscité, par induction, à partir « des autres, du langage, des livres, des amis » et de la « culture de masse », « machine à

61. François de La Rochefoucauld, *Maximes et réflexions morales*, Claude Barbin, 1665, maxime 36.
62. Roland Barthes, *Fragments d'un discours amoureux*, Seuil, 1977.

montrer le désir » qui nous dit ce qui doit nous intéresser, « comme si elle devinait que les hommes sont incapables de trouver tout seuls qui désirer », Nous sommes ainsi prisonniers d'une fiction sur l'amour, d'un ensemble de discours, de « recettes narratives[63] » et de clichés visuels rebattus. Nous abrutissant d'images partout répétées (publicité, cinéma, littérature, télévision, chansons, ouvrages de développement personnel, magazines féminins...), la culture de masse imprègne nos rétines, nos oreilles, nos corps, nos cœurs, notre imagination. Coincés dans des scénarios préétablis et codifiés, nous attendons une rencontre amoureuse standardisée. Idéale sinon rien. Donc inatteignable. Loin de préparer à la multiplicité des chemins, de défaire les *a priori* et d'ouvrir à l'inattendu, ces récits qui nous modèlent, verrouillent nos certitudes et ratatinent les possibles. Selon le psychologue clinicien et gestalt-thérapeute Jean-Marie Robine, « notre société, par la diffusion de l'information qu'elle impose, bétonne les capacités d'étonnement : il nous suffit de zapper pendant quelques heures et nous pourrons découvrir [...] les anneaux de Saturne ou la danse des spermatozoïdes, la guerre et la mort en direct, l'amour et le sexe mieux cadrés que par un trou de serrure... Avant d'avoir commencé à vivre, tout a été vécu par procuration, par images, par représentations[64] ».

Problème : cette imagination romantique fait de l'amour une émotion par anticipation, non seulement rêvée avant qu'elle ne se produise, mais qui se substitue aussi au réel[65]. Si bien que nous ne distinguons pas toujours le vrai du faux. Pire : quand bien même nous croiserions une rencontre amoureuse un peu différente, un peu hors norme, nous risquerions de ne pas la reconnaître. Pétris de vignettes narratives, nous l'anticipons selon un scénario préétabli. Comme les émotions que nous sommes censés ressentir : le cœur qui bondit, la gorge qui se serre, les papillons dans le ventre, les mains moites,

63. Eva Illouz, *Pourquoi l'amour fait mal : l'expérience amoureuse dans la modernité*, *op. cit.*
64. Jean-Marie Robine, *Gestalt-thérapie : la construction du soi*, *op. cit.*
65. Eva Illouz, *Pourquoi l'amour fait mal : l'expérience amoureuse dans la modernité*, *op. cit.*

l'attente de l'autre, la joie d'être en sa présence, la crainte de le perdre… Si cela n'est pas « comme dans les films », nous risquons de passer à côté sans le voir.

**Ces films qui ont modelé notre imaginaire amoureux**

Nous avons tous dans la tête et le cœur des scènes de films qui représentent la déclaration amoureuse, la vraie, la plus pure, la plus authentique. Celle que nous aimerions vivre. Celle que nous avons reconnue ou que nous espérons encore.

- **Patricia** : « *Out of Africa* et *Orgueil et Préjugés* ! J'ai vu ces films des dizaines de fois. Ils nourrissent mon envie d'une relation "grande", rendue possible par son unicité ! »

- **Lou** : « La scène du premier slow dans *La Boum*, quand il lui met le casque sur la tête, et celle de la rencontre de *Roméo + Juliette* de part et d'autre de l'aquarium… De la surprise et de la spontanéité. »

- **Bennett** : « Ado, j'ai vu *Princess Bride* des dizaines de fois et ça a mis la barre haut en matière amoureuse : l'homme amoureux obéit aux ordres de la femme qu'il aime en disant "as you wish" pour signifier "*I love you*". Dans la réalité, on est un peu déçu, c'est sûr. »

- **Axel** : « *Jude*, de Michael Winterbottom. Plus particulièrement la magnifique première journée qu'ils passent ensemble. Jouer, se promener, se chamailler, se défier… C'est toute la légèreté d'un amour naissant, dont on sent que c'est l'amour d'une vie. Et la sublime séquence de fin dans le cimetière, quand elle le rejette, persuadée que leur couple est maudit car hors de l'Église, alors que, crie-t-il, ils sont "mari et femme plus que quiconque au monde", au-delà de toutes les conventions, des institutions et des contrats. »

- **Aurélie** : « Ce ne sont pas des scènes de déclaration qui m'ont le plus touchée, juste d'intenses silences qui en disent bien plus long. Dans *La Route de Madison* notamment, et les élans d'Emily Watson envers Stellan Skarsgård dans *Breaking the Waves*.

Recette idéale : silence + douceur + spontanéité enfantine. »
– **Mallory** : « *Dracula* de Coppola, notamment lorsqu'il évoque sa fiancée décédée. C'est l'amour absolu, au point de se révolter contre l'ordre naturel des choses, la vie, la mort, Dieu... Et quand Mina l'accompagne dans ses derniers instants, à la fin du film. Alors qu'il est honni par tous, elle est la seule à percevoir le sublime, la grandeur de son être. Contre la société, contre le temps court de l'humain, de la modernité, elle le rejoint dans son éternel. »
– **Tina** : « *Quand Harry rencontre Sally* ! Je suis touchée par cette tentative de s'aimer au-delà des projections, de pouvoir faire des erreurs, des gaffes, d'avoir peur... et d'y aller quand même. »
Et vous, quels films, romans, chansons d'amour incarnent votre idéal de la rencontre amoureuse ? Que disent-ils de vos attentes, de vos espoirs ?

Vous l'aurez compris, le risque majeur est de nous détourner du réel, comme quand, le nez plongé dans notre guide de voyage, nous ratons la beauté des paysages. À force de ne chercher que des rencontres « comme dans les films » ou les signes qui, selon la norme culturelle, authentifieraient cette rencontre, nous passons à côté de l'inattendu « hors scénario ». La particularité, voire l'exceptionnalité d'une rencontre amoureuse, est inaudible car elle est immédiatement recouverte par des clichés. Comme lorsque Aude liste tout ce qui lui plaît chez Tom : « Il est bienveillant, à l'écoute, drôle… On s'entend bien. Cependant, je ne pense pas à lui tout le temps. Je n'ai pas le cœur en vrac quand je le quitte. C'est de l'amour quand même ? » Une déclaration d'amour, si elle n'est pas faite sous la pluie, à la manière de *Quatre mariages et un enterrement*, n'est pas une vraie déclaration. Avec, à la clef, le risque d'une insatisfaction chronique, la réalité étant perpétuellement rabaissée à une expérience décevante par rapport à l'idéal attendu. Avons-nous une si haute idée de la rencontre amoureuse que nous ne pouvons qu'être frustrés ? L'idéalisons-nous tant que nous ne sommes plus capables d'apprécier la simplicité de nos éprouvés ? Il est possible que nous nous fracassions sur des modèles inatteignables, sur une haute, trop haute, idée de l'amour. Mais il semble surtout que nos aspirations soient trop formatées. Non pas trop exigeantes : trop prévues, figées, pétrifiées. Si bien que la réalité de la rencontre amoureuse, qui est rarement là où nous l'attendons, tombe à côté.

## EXERCICE

### Les couples qui vous entourent, entre idéal et réalité

Notez sur une feuille blanche les noms d'au moins trois couples que vous admirez (réels ou imaginaires, proches ou moins proches). L'expérimentation se fait en deux temps.

1. En face de chaque couple, listez deux choses que vous admirez et que vous aimeriez vivre (la tendresse qu'ils ont l'un pour l'autre, le respect de leur indépendance, etc.). Pourquoi cela vous fait-il envie ? Est-ce un composant nécessaire pour un couple équilibré, durable ? Est-ce parce que cela correspond à vos valeurs profondes ?
2. En face de chacun de ces trois couples, notez maintenant une ou deux choses que vous constatez dans ces duos et que vous n'aimeriez pas : ils sont tout le temps collés ? Ils ne partagent pas certaines activités essentielles ? Il est beaucoup à son service ? Elle n'est pas si attentive que ça ? Essayez de lister ainsi quelques caractéristiques un peu moins idéales chez ces trois couples que, pourtant, vous admirez. Entourez maintenant des caractéristiques que, certes, vous n'aimez pas trop, mais que vous pourriez tolérer dans un couple possible.

Avec cet exercice, commencez à imaginer un peu d'imperfection dans votre idéal de couple.

## De merveilleuses rencontres… virtuelles

Romain a rencontré Émilie dans un jeu en ligne : « On a commencé à jouer ensemble et ça fonctionnait super bien. On avait la même stratégie, la même vision des choses. On discutait par *chat* et on rigolait bien. Peu à peu, on est tombés amoureux. Je ne l'ai jamais vue IRL[66], mais on passait un temps dingue ensemble, à jouer ou à se parler "en vocal", à regarder la télé chacun de son côté en commentant ensemble au téléphone ce qu'on voyait. » Une histoire d'amour *online* mais bien réelle : réellement vécue, réellement partagée, réellement investie affectivement. « Était-ce moins vrai que la relation de mes parents qui vivent ensemble mais ne partagent aucune intimité, aucune joie ? » se demande-t-il.

De plus en plus fréquents, les amours virtuels ne me semblent pas constituer une sous-catégorie d'amour. Dans le sillon des amours épistolaires, et au-delà des nouveautés technologiques qui les rendent possibles, ils présentent une nouvelle manière d'aménager le lien à l'autre. Des amours parfois vécus comme insuffisants, le contact charnel manquant trop ; parfois vécus comme un bon début, en espérant qu'ils évoluent loin des réseaux, dans la vraie vie ; parfois pleinement savourés, comme une possibilité inespérée, lorsque la rencontre IRL est inenvisageable.

Pour Romain, souffrant d'anxiété sociale, Internet a justement fourni le moyen de rendre la rencontre amoureuse possible. Les différents moyens de communication *online* lui ont permis d'apprivoiser la présence d'Émilie, de s'engager progressivement dans l'intimité. Une intimité supportable car mesurée, contrôlée (« Je choisissais les moments où je me connectais, quand je me sentais capable d'être en contact avec elle »), mise à distance par l'éloignement physique.

66. Pour *in real life*, par opposition au monde supposé virtuel d'Internet.

Cela a donc été pour lui un moyen créatif et salutaire de sortir de son isolement et de résoudre, à sa manière, ce que le gestalt-thérapeute Gille Delisle a nommé le « dilemme du contact », c'est-à-dire le fait que le lien à l'autre soit fait d'indispensable et d'insupportable. Pour Romain, Internet a aussi été une planche de salut pour sortir de son isolement alors que, exclu de son établissement scolaire, il avait rompu avec tous ses amis et ne sortait plus de chez lui.

Il est vrai que, pour certains d'entre nous, la relation en ligne offre l'avantage de laisser libre cours à nos fantasmes ou de nous émoustiller sans risquer l'engagement. Comme pour Anna, qui a coupé court aux contacts lorsque Miguel lui a demandé son adresse postale pour lui envoyer un cadeau d'anniversaire. Une intrusion incompréhensible : « C'était tellement parfait. Pourquoi vouloir tout gâcher ? » À propos des rencontres virtuelles, Eva Illouz fait même le rapprochement avec les membres fantômes, amputés, dont la présence neurologique est encore ressentie par les sujets. « De la même façon, Internet crée des "sentiments fantômes" – des sentiments qui sont vécus comme fondés sur des stimuli relevant de la vie réelle, mais dont l'objet véritable est absent ou inexistant[67]. »

Une manière d'être en interaction qui met Sylvie dans une vive dépendance : « Il n'a jamais voulu que nous nous rencontrions, mais j'attends ses appels comme si nous avions vécu une histoire passionnelle. Sur Facebook, je regarde ses photos, ses amis, les événements auxquels il participe. Je vois quelle musique il écoute sur les plates-formes en ligne. Je peux les écouter en même temps, comme si on était ensemble. Je vois bien que je le flique, que c'est trop ! Je suis toujours tendue vers lui, en demande. Et inassouvie. Nos échanges me rendent joyeuse, heureuse, sur le moment. Mais après, le manque est dur à encaisser. Et le pire, c'est quand je vois qu'il est connecté, qu'il a ouvert mon message et qu'il ne répond pas. C'est terrible. Je pourrais hurler de douleur tellement c'est dur. » Alors, de temps

67. Eva Illouz, *Pourquoi l'amour fait mal : l'expérience amoureuse dans la modernité*, *op. cit.*

en temps, elle « coupe tout », avec le sentiment de devoir se sevrer de l'autre, dont l'absence est insupportable et la présence virtuelle jamais assez satisfaisante.

## Autoaccusation et culpabilisation

« C'est moi le problème. Peut-être ne suis-je pas disponible intérieurement ? Peut-être n'ai-je inconsciemment pas digéré la rupture avec mon ex ? Ou que quelque chose de cette relation toxique reste coincé en moi ? » Comme Laure, nous sommes nombreux à retourner notre souffrance affective en autoaccusation, en sentiment d'être inadaptés, avec l'impression que nous n'en valons pas la peine, que nous ne sommes pas assez bien physiquement ou moralement pour être « choisis ». « Personne ne peut s'attacher à quelqu'un comme moi. Si vous saviez comme je suis moche à l'intérieur », déclare Julien, persuadé qu'il n'est pas digne d'être aimé. Cela peut parfois aller jusqu'à la honte, c'est-à-dire le sentiment que, tels que nous sommes, nous ne méritons pas d'appartenir à la communauté des humains. Car, en plus d'altérer l'estime que nous avons de nous-mêmes, la honte attaque notre lien aux autres. D'où l'envie de nous cacher, de ne pas être vus, de nous réfugier dans un trou de souris, de disparaître… et parfois même d'en finir, tant nous nous croyons indignes d'être vivants. La honte isole, la honte exclut, la honte tue à petit feu.

Nous nous flagellons de ne pas « réussir » à rencontrer quelqu'un, de ne pas être « comme tout le monde » en ne collant pas aux normes culturelles de la vie amoureuse. Et, alors que nous nous dénigrons (« Je ne suis pas assez bien pour être aimé »), nous nous accusons en même temps de ne pas avoir assez de *self-esteem* : « Si je n'ai pas été reconnu comme aimable, c'est parce que je ne m'aime pas assez. » CQFD. Culpabilisation, encore : c'est parce que nous n'aurions pas assez confiance en nous que nous ne pourrions pas être appréciés. Et de conclure qu'il nous faut donc encore un peu plus travailler sur nous, oubliant au passage que notre narcissisme ne se construit pas en autarcie, tout seuls, loin des autres, mais dans le regard, la confirmation et le soutien de nos semblables et ce, tout au long de notre vie. Plus encore : que c'est dans la relation à l'autre bienveillant (famille, ami, amoureux, collègue, groupe de soutien, thérapeute…) que nous pouvons réparer la mauvaise image que nous avons de nous-mêmes. En nous sentant accueillis tels que nous sommes, avec nos failles, nos difficultés, nos impasses. En faisant l'expérience d'être considérés, de valoir la peine d'être rencontrés, écoutés, assurés de nos qualités et de notre amabilité, voire de notre « normalité », de notre humanité. Alors qu'en nous dévalorisant, persuadés qu'il faudrait que nous nous débrouillions tout seuls (« je ne peux pas attendre de l'aide des autres », « ça ne dépend que de moi »), nous nous privons d'un soutien indispensable… et risquons de nous exclure encore un peu plus de la possibilité de la rencontre.

Ce regard cruel a longtemps empêché Louis d'être en couple : « Depuis mon plus jeune âge, j'ai regardé mon ombre plutôt que mes qualités. Par exemple, je voyais ma gentillesse comme l'envie de donner une bonne image de moi, un truc intéressé, pas sympa. Pas comme un élan de générosité. Dans l'idée d'être en couple, c'était pareil : ce ne pouvait être qu'une bouée de sauvetage pour me sauver lâchement de la solitude. J'ai donc décidé de rester célibataire. Je regardais les amants avec condescendance, pensant qu'ils s'illusionnaient sur leurs raisons d'être ensemble. Je me croyais intègre, honnête. Mais je m'empêchais de tomber amoureux. »

**Ayons de la tendresse pour notre imperfection**

L'indulgence que nous avons pour nos amis, que nous aimons avec (et non pas malgré) leurs défauts, pourquoi ne parvenons-nous pas à l'avoir pour nous-mêmes ? Pour mieux nous aimer et être plus en relation avec les autres, peut-être pourrions-nous avoir de la tendresse pour notre imperfection. Soyons, pour reprendre la célèbre expression du psychiatre Donald Winnicott, « suffisamment bons » et reconnaissons comme nos qualités s'imbriquent bien avec nos défauts. Si nous ne sommes pas les rigolos de service ou les personnes cultivées que nous aimerions être, peut-être sommes-nous doués aux fourneaux ou fidèles en amitié ? Nous avons tous des qualités et nous sommes tous des humains imparfaits. Nous naissons ainsi, petits nourrissons pas finis, sans la moindre fourrure pour nous protéger, incapables de nous nourrir seuls ni de tenir sur nos pattes (au contraire du poulain ou de la girafe). Cette « néoténie », comme disent les biologistes, est propre au genre humain. C'est bien sûr une grande vulnérabilité car nous dépendons des soins de notre environnement pour survivre. Mais c'est aussi cette défaillance naturelle qui nous permet de créer des liens avec nos semblables. C'est cette imperfection qui nous pousse à aller vers les autres, à avoir besoin de l'autre, à avoir besoin les uns des autres, même en grandissant, et ce, jusqu'à notre mort.

Cette culpabilisation est un mécanisme courant de retournement par lequel la victime devient fautive. L'enfant qui est tombé du toboggan n'avait pas écouté les avertissements de ses parents : c'est sa faute. La jeune femme qui s'est « fait violer[68] » avait sûrement une attitude aguicheuse : c'est sa faute. Le salarié en *burn-out*, assommé par les injonctions contradictoires, le manque de temps ou de

68. Contrairement à cette expression inappropriée mais fort répandue, une personne ne se « fait pas violer ». Elle est « victime d'un viol ». Le responsable c'est l'auteur, c'est-à-dire le criminel ; pas la victime.

moyens, est trop perfectionniste ou trop fragile : c'est sa faute. La responsabilité du crime, de la souffrance psychique ou physique est rabattue, par un mécanisme pervers, sur la victime. Alors qu'elle incombe, pour ces derniers exemples, au criminel et/ou à un système (la culture du viol, l'entreprise dysfonctionnelle). À propos de la souffrance amoureuse, le mécanisme est identique : si nous échouons, c'est que nous ne sommes pas à la hauteur, que nous avons une tare, un truc qui cloche. C'est notre faute. Nous en prenons l'entière responsabilité, voire le poids moral, sur nos seules petites épaules. Le fait même de vouloir aimer, se lier à quelqu'un, serait un signe suspect de dépendance affective, d'immaturité ou de défaillance psychique. La culture individualiste valorise tant l'autonomie qu'il est devenu suspect d'espérer tomber amoureux. C'est que nous devons avoir un problème… Mais alors, nous sommes nombreux à avoir ce problème !

Nombreux, mais persuadés d'être seuls à en être responsables. Pourquoi isolons-nous notre souffrance de l'expérience collective ? Pourquoi ne voyons-nous pas que l'expérience amoureuse est le sujet d'une anxiété persistante, d'un malaise, d'un mal-être largement partagés ? Pourquoi rejetons-nous la faute sur notre personnalité, nos défaillances supposées, notre histoire psychique, sans voir le caractère si répandu de la souffrance amoureuse ? Est-ce, comme l'écrivait Roland Barthes à propos de l'amant abandonné, parce que le discours du célibataire désespéré est inaudible, toujours menacé d'être ridiculisé, donc condamné à la solitude[69] ? Certainement. Mais aussi, souligne la sociologue Eva Illouz, parce que la culture thérapeutique nous a formatés à envisager nos échecs comme « les manifestations, voire comme les irruptions d'événements passés traumatiques ou non résolus dont le sujet doit prendre conscience et qu'il doit maîtriser[70] ». À nous de farfouiller dans notre histoire

69. Roland Barthes, *Fragments d'un discours amoureux*, *op. cit.*
70. Eva Illouz, *Pourquoi l'amour fait mal : l'expérience amoureuse dans la modernité*, *op. cit.*

pour tenter de comprendre ce qui nous empêche, ce qui nous fait rater ou répéter les mêmes erreurs. Avec l'idée, comme nous l'avons vu dans le premier chapitre (« Trouver le nœud du problème… et nous y accrocher », p. 35), qu'une fois exhumée *la* cause explicative de tous nos déboires, nous serions enfin délivrés, aptes à aimer et à être aimés. Si nous ne sommes pas consciemment fautifs de nos souffrances, nous serions au moins responsables inconsciemment ou coupables de ne pas aller en thérapie pour dénouer nos chaînes. Pourtant la recherche d'un sens n'est pas l'attribution d'une cause. Se retourner sur son histoire pour tenter d'y trouver une forme, une signification (même momentanée), qui puisse offrir un réconfort face à l'absurdité de la souffrance est en effet très différent du fait de tirer des interprétations causalistes, pathologiques et culpabilisantes.

Nous sommes aussi piégés par un discours sociétal selon lequel tout serait possible à qui s'en donnerait les moyens. Le slogan publicitaire « *Just do it* » (« Fais-le, un point c'est tout ») de la marque Nike traduit ainsi, pour le philosophe et psychanalyste Carlo Strenger, « une dimension essentielle de l'esprit du temps[71] ». Ramené à la rencontre amoureuse, nous pourrions dire qu'il est de notre entière responsabilité de rencontrer quelqu'un : en prenant soin de nous, voire en nous améliorant à grand renfort d'interventions esthétiques, en réfléchissant à notre parcours amoureux pour en tirer une compréhension de nous-mêmes et une marche à suivre, en « travaillant sur nous » pour viser la perfection. Pression supplémentaire, il faudrait même réussir nos échecs, tirer des enseignements de nos déboires et déconvenues. Et persévérer, tels de bons petits soldats de l'amour, à l'instar du basketteur Michael Jordan égrenant dans une pub ses matchs perdus : « Toute ma vie je n'ai cessé de rater et de rater. C'est pour ça que je gagne[72]. » Pas question de nous lamenter ni de renoncer.

71. Carlo Strenger, *La Peur de l'insignifiance nous rend fous : une quête de sens et de liberté pour le XXI<sup>e</sup> siècle*, *op. cit.*
72. Cité par Carlo Strenger, *ibid.*

D'accord pour échouer, à condition que cela mène à la victoire. Sauf que cette idéologie est un mythe. Car, même en cherchant à tout positiver, il n'est pas vrai que seuls la volonté, le travail et le courage mènent à la réussite. Il n'est pas vrai que la recherche du grand amour est à notre portée si nous nous en donnons les moyens en nous inscrivant sur des sites de rencontres, en nous parant de nos plus beaux atours, en nous montrant gais et souriants lors des premiers rendez-vous. Non. Malgré tous nos efforts, les voies de la rencontre amoureuse restent impénétrables. Parce que celle-ci tient du mystère. Parce qu'elle ne peut être que surprise, inouï, nouveauté. Et parce qu'elle est soumise à des lois sociologiques qui nous échappent.

À cette injonction à la réussite s'ajoute la dangereuse illusion d'un moi sans limites que nous pourrions, dans nos fantasmes de toute-puissance, façonner à notre gré. L'idée que dans notre tréfonds serait caché un potentiel incommensurable, un joyau brut qu'il nous appartiendrait de faire briller ; qu'il suffirait de nous reconnecter à son pouvoir, de nous libérer de nos peurs, de nous débarrasser de la pression du regard de l'autre, de nos mauvaises habitudes ou de nos complexes qui inhiberaient notre réelle personnalité. Nous n'aurions donc – selon cette idéologie du « *Just do it* » appliquée au développement personnel[73] – qu'à nous mettre au travail, à arrêter de nous écouter, d'être si compatissants avec nos difficultés. Prendre notre courage et notre motivation à deux mains pour nous accomplir plutôt que de rester à nous morfondre sur notre canapé de ne pas trouver l'amour. Lève-toi et marche, célibataire fainéant !

73. *Ibid.*

**Maryse : « J'ai compris que je pouvais plaire au naturel »**

« J'ai passé des années à me motiver pour aller à des soirées, voir des gens, rencontrer de nouvelles personnes. À me répéter : "Ce n'est pas en restant dans ton lit que tu vas trouver l'amour." Mais, à force de déceptions, l'angoisse montait de plus en plus tôt dans la journée à l'idée de sortir le soir. Je passais des heures à me préparer, me coiffer, essayer ma garde-robe. Je ne savais plus comment plaire... J'essayais d'être sexy, imaginant que ça plaisait aux hommes, mais je me sentais maladroite, déguisée, mal à l'aise. Je finissais recroquevillée sur mon canapé en pleurant, me trouvant moche, ridicule, pas montrable, avec l'intégralité de mon armoire déballée sur le sol. Impossible de sortir, j'étais désespérée, terriblement mal. Et puis, un matin, un agent immobilier a sonné à ma porte. Il cherchait des biens à vendre dans mon quartier. J'étais décoiffée, pas maquillée, en pyjama. Il m'a quand même trouvée séduisante et a demandé à me revoir. Nous avons pris un verre quelques jours plus tard. Bon, ça n'a pas été une grande rencontre amoureuse, mais j'ai compris que je pouvais plaire "au naturel". Et que je n'avais pas forcément besoin de sortir de chez moi pour me faire draguer ! »

Cette puissante illusion culturelle, qui nous fait croire que tout est possible à qui s'en donne les moyens, a, y compris dans la rencontre amoureuse, plusieurs conséquences catastrophiques. La première étant de nous épuiser à force de nous demander, encore et toujours, de nous améliorer. Il est fatigant de toujours devoir être au top. « La plus belle femme du monde ne peut donner que ce qu'elle a », dit l'adage, entérinant l'imperfection de chacun avec sagesse. Aujourd'hui, la plus belle femme du monde peut toujours faire plus. Si bien que, courant après un idéal inatteignable, nous nous retrouvons harassés de ne jamais savoir si la ligne d'arrivée est proche, précipités dans le doute et l'insatisfaction. Sommes-nous vraiment loin du sommet de notre vie ? Pouvons-nous enfin nous contenter d'être nous-même désormais ? La deuxième conséquence est une profonde fragilisation narcissique : sommes-nous suffisants ? Sommes-nous acceptables avec ce que nous sommes, nos failles, nos imperfections, nos difficultés, nos zones d'ombre ? N'étant jamais sûrs d'être aimables, nous ne cessons de nous comparer aux autres pour évaluer notre place dans le classement de la réussite de soi. La troisième conséquence, terrible, est celle du désespoir. Car en nous faisant croire que tout est possible, nos difficultés et nos souffrances nous apparaissent d'autant plus insurmontables, insupportables, honteuses. Non seulement l'attente de la rencontre amoureuse idéale nous fait discréditer (et parfois rater) la rencontre amoureuse ordinaire, selon le principe que ce qui n'est pas extraordinaire est médiocre, méprisable. Mais toute la bonne volonté, l'énergie, la foi déployées dans le processus de la rencontre (aller à des fêtes, des dîners, rencontrer des gens...) demande tant d'efforts que, lorsque nous rentrons bredouilles, la chute est d'une violence inouïe. La culpabilisation est excessive. L'autodénigrement tyrannique.

## EXERCICE

**Listez vos qualités**

Faites l'acquisition d'un joli petit carnet dans lequel vous aurez du plaisir à écrire. Gardez-le dans un endroit accessible mais confidentiel. Chaque soir, avant de vous coucher, prenez le temps de repenser à votre journée et notez une qualité dont vous avez fait preuve. Avez-vous été patient avec un client difficile ? Avez-vous été particulièrement souriant ? Avez-vous été à l'écoute des difficultés d'un ami ? Cela peut être un trait de caractère que vous connaissiez ou une qualité inhabituelle. De la même façon, la situation peut être banale, quotidienne ou exceptionnelle. D'un soir à l'autre, essayez de trouver des qualités ou des situations différentes. C'est parfois difficile de s'auto-congratuler ou de se trouver des qualités. Ainsi, si cela vous semble possible, vous pouvez approfondir l'exercice en demandant à des proches d'écrire ce qu'ils apprécient chez vous. Si vous osez leur demander et que vous avez la chance d'avoir des personnes bienveillantes qui prendront ce temps pour vous, gardez ensuite précieusement ces lettres et revenez-y aussi souvent que vous en avez besoin. Il faut parfois les relire de nombreuses fois pour y croire.

# Croire encore en l'amour ?

Une union évidente des corps et des cœurs, des conversations profondes, un accueil inconditionnel, de la bienveillance, des éclats de rire, de la tendresse, des sourires complices, partout, tout le temps, jusqu'à plus soif… Nous avons une très haute idée de l'amour. Si élevée, si éthérée, si idéale, qu'elle semble parfois hors de portée. Trop haut, trop loin, inatteignable. Au point de perdre la foi. Ce à quoi il faut ajouter les nombreuses expériences d'amours malheureuses, de relations s'avérant toxiques et de divorces précoces qui relativisent l'idéal amoureux. Dès lors, la rencontre s'inscrit dans un contexte de finitude, d'imperfection, de déception. Nous l'abordons avec l'envie d'y souscrire et la méfiance en bandoulière. Nous sommes pris entre un intense désir d'y croire et l'impossibilité d'y adhérer totalement.

« J'ai laissé tomber, raconte Julien. Je n'y crois plus. Je me résigne. C'est peut-être ça, ma vie : un célibat tranquille, monotone, un peu ennuyeux mais pas non plus désespérant. » Martine, elle, a décidé de choisir « un colocataire plus qu'un amoureux. Je ne vise plus le grand amour. Si je trouve quelqu'un de gentil, qui ne me fait pas de mal, avec qui je peux me sentir en sécurité, c'est déjà ça. J'ai baissé mon niveau d'exigence ». Nous sommes désenchantés. Nous n'y croyons plus. « C'est un peu triste », concède Julien. C'est dommage aussi car, à force de chercher désespérément le grand amour, celui qui ne pourrait arriver qu'un soir d'été, au son des violons et dans une brise de pétales de fleurs, nous risquons de passer à côté de l'amour tout court, plus simple, plus humain, mais pas moins fort ni solide. Moins clinquant, imparfait, malhabile peut-être. Mais si beau dans sa discrétion, sa maladresse, ses atermoiements. Et dont l'inachèvement est plein de promesses. Un amour que nous frappons vite d'une incomplétude coupable : si ce n'est pas l'idéal, ce n'est donc pas de l'amour ! « Le prince charmant ne pouvait arriver qu'à cheval, admet Céline. Je ne m'attendais pas à le voir débarquer en RER. »

Un désenchantement caractéristique de la modernité, selon l'économiste et sociologue Max Weber, qui, explique Eva Illouz, « ne signifie pas simplement que le monde n'est plus rempli d'anges et de démons, de sorcières et de fées, mais que l'idée même de "mystère" devient un objet de dénigrement et perd toute signification[74] ». En rationalisant la conduite de nos vies, en rendant l'amour plus prévisible, compréhensible, plus sûr, nous le vidons de sa substance mythique, onirique. En le disséquant, en le cernant de certitudes, en le cloîtrant dans un savoir, nous en fragilisons l'enchantement. En découpant la rencontre comme une recette de cuisine, nous l'avons rendue aussi peu sexy qu'un tableau Excel. Infiniment triste. Rationalité et féerie ne font pas bon ménage. Protocoliser la rencontre amoureuse, c'est comme dire à la fée Clochette que nous ne croyons pas à sa magie : « Chaque fois qu'un enfant dit "Je ne crois pas aux fées", il y a quelque part une petite fée qui meurt[75]. » Sans compter que nous délégitimons notre vécu. « Lorsque j'ai rencontré Lili, j'ai eu un mal fou à m'autoriser cette histoire. Elle n'était pas coquette, moyennement investie dans son travail, d'un milieu social plus simple que le mien. Très différente de mon ex, avocate d'affaires, qui correspondait bien aux femmes de mon univers. Pourtant, j'avais

74. Eva Illouz, *Pourquoi l'amour fait mal : l'expérience amoureuse dans la modernité, op. cit.*
75. James Matthew Barrie, *Peter Pan*, 1911.

beau me répéter "ça ne peut pas le faire", quand je pensais à elle et quand j'étais avec elle, j'étais bien, tout simplement. Il a fallu que je lâche beaucoup de mes exigences et préjugés pour me faire confiance et croire en nous», témoigne Charles. À l'extrême, la rencontre amoureuse n'est plus abordée comme une expérience magique et joyeuse, mais comme un énième truc à faire sur notre *to-do list.* L'excitation de la nouveauté, les yeux qui pétillent face à l'inattendu à venir, le cœur qui sautille ont été substitués par des cases à cocher quand nous rencontrons l'autre : grand ? Oui. Élégant ? Bof. Humour ? Peut mieux faire. C'est que, depuis ses débuts, le XXe siècle a tenté de trouver à l'amour des explications scientifiques, l'une s'ajoutant à l'autre comme autant de couches d'un mille-feuille... finalement indigeste. Premier coup de canif à l'amour : l'explication causaliste et déterministe. « En créant un fil conducteur narratif reliant directement la petite enfance et les expériences amoureuses adultes, la psychologie populaire fait de l'expérience amoureuse une réitération de séquences qui ne sont pas en elles-mêmes des séquences amoureuses, et ébranle son caractère ineffable et son mystère », souligne Eva Illouz. Deuxième coup de canif : l'explication biologique qui réduit l'enchantement amoureux à une chimie cérébrale (testostérone, œstrogène, dopamine, noradrénaline, sérotonine, ocytocine, vasopressine...), avec une date limite de consommation établie à trois ans[76]. Et cela a continué : tandis que la psychologie évolutionniste attribuait le sentiment amoureux à une froide nécessité de perpétuation de l'espèce, les sociologues faisaient dégringoler la rencontre amoureuse du rang d'émerveillement à celui de choix mûrement réfléchi. Nous nous imaginions guidés par Cupidon ; nous voilà bêtement manipulés, telles des marionnettes, par notre enfance, nos hormones, l'évolution de l'espèce et la nécessité de régulation sociale. La chute est rude. Face à tant de paramètres, le tableau Excel semble en effet l'outil le plus efficace pour ne pas faire

76. Stanilas de Haldat, « Pourquoi l'amour dure trois ans », www.psychologies.com, 11 septembre 2009.

d'erreur de calcul. Le problème, c'est qu'en entrant en concurrence avec les conceptions romantiques traditionnelles de l'amour, ces interprétations ont considérablement fragilisé l'expérience amoureuse. Parce qu'ils la font entrer dans de petites cases explicatives, qu'ils la déshabillent des enjeux affectifs et existentiels, qu'ils désincarnent et généralisent notre vécu, ils font disparaître la spécificité, la singularité de notre expérience. Son caractère unique, inouï, extraordinaire. Comme si l'élan amoureux ne dépendait que de critères objectivables, mesurables, quantifiables, qu'importent les individus qui le vivent.

**Aimer le monde, aimer la vie**

« L'amour n'est pas essentiellement une relation avec une personne spécifique; plutôt que de porter sur un seul "objet", il consiste en une *attitude*, une *orientation du caractère* en vertu de laquelle la personne se sent reliée au monde comme un tout. Quand une personne n'en aime qu'une autre et demeure indifférente à l'égard du reste de ses semblables, il ne s'agit pas véritablement d'amour mais d'un attachement symbiotique ou d'un égotisme élargi. [...] Faute de voir que l'amour est une activité, un pouvoir de l'âme, [la plupart des gens] se figurent qu'il suffit tout au plus de découvrir le "bon objet" – pour qu'ensuite tout aille pour le mieux. On peut comparer cette attitude à celle d'un homme qui a le désir de peindre, mais qui, plutôt que d'apprendre cet art, se contente d'attendre le bon objet en prétendant qu'il peindra admirablement lorsqu'il l'aura découvert. Si j'aime véritablement une personne, j'aime toutes les autres, j'aime le monde, j'aime la vie. Si je puis dire à quelqu'un "Je t'aime", je dois être capable de dire: "En toi j'aime chacun, à travers toi j'aime le monde, en toi je m'aime également." »

Extrait du livre *L'Art d'aimer* d'Erich Fromm aux éditions Belfond, 2015 [1re éd. 1956].

# L'art de rater les rencontres

## La rencontre colorée de l'échec passé ou de la catastrophe à venir

Une des manières possibles d'évacuer l'inconnu de la situation actuelle et de s'éviter le risque de la surprise, est d'approcher la rencontre amoureuse comme un échec déjà vécu ou annoncé. Se détourner du présent, soit en se tournant vers le passé sur un versant plutôt dépressif, soit en appréhendant l'avenir, sur un mode plutôt anxieux. Parfois même, comme l'écrit Roland Barthes, en conjuguant les deux : « Le temps est ébranlé en avant (il me monte à la tête des prédictions catastrophiques) et en arrière (je me souviens avec effroi des "précédents") : à partir d'un rien, tout un discours du souvenir et de la mort se dresse et m'emporte[77]. » À l'en croire, après la capture amoureuse et la douceur du commencement arrive inévitablement « la suite », c'est-à-dire « la

77. Roland Barthes, *Fragments d'un discours amoureux*, *op. cit.*

longue traînée des souffrances, blessures, angoisses, détresses, ressentiments, désespoirs, embarras et pièges dont je deviens la proie, vivant alors sans cesse sous la menace d'une déchéance qui frapperait à la fois l'autre, moi-même et la rencontre prestigieuse qui nous a d'abord découverts l'un à l'autre[78] ».

Lorsque nous la regardons à l'aune des catastrophes précédentes, la rencontre amoureuse est abordée comme une tragédie : son échec est d'emblée inscrit dans son commencement. Tout est déjà raté, gâché. Nous sommes « en deuil non seulement des pertes passées mais de toutes les pertes futures qui n'existent pas encore[79] », écrit Michael Vincent Miller, si bien qu'aucun futur ne mérite que nous avancions. L'amour à venir est coloré de nostalgie, de regret, de chagrin. Cela prend la forme d'un retrait, d'un manque d'envie, d'un renoncement, d'une tristesse. Nous ne vivons pas la rencontre amoureuse comme une éventuelle belle aventure, une découverte pleine de surprise, d'étonnement possible, mais comme une ruine annoncée. Inutile de s'y risquer.

**Adam, coincé dans son adolescence**

Adam reconnait que, dans sa manière de séduire les femmes, il cherche toujours à se montrer plus attrayant que son frère : « Je me vois faire, comme quand j'avais quinze ans. » Sauf que vingt ans ont passé et que les femmes qu'ils rencontrent ne peuvent pas le choisir, lui, face à son aîné. Tout simplement parce que ce dernier est absent et que les femmes ne sont pas dans la situation de les comparer. Elles croient rencontrer Adam, sans vraiment le rencontrer, car il est coincé dans son adolescence, à tenter d'exister comme il peut aux côtés d'un frère aux multiples talents. Ne sachant plus comment plaire, Adam se sent de plus en plus

78. *Ibid.*
79. Michael Vincent Miller, *La Poétique de la gestalt-thérapie*, *op. cit.*

vulnérable. Lorsque nous sommes ainsi occupés à tenter de modérer l'angoisse surgie du passé, nous ne sommes en effet pas disponibles pour comprendre la situation présente et pouvoir y répondre, nous y ajuster. Nous ne percevons pas le monde tel qu'il est actuellement, mais coloré d'autrefois. Si bien que nous n'arrivons pas à nous y retrouver. C'est un cercle vicieux : nous sommes fragilisés, perdus, donc plus angoissés encore.

Une manière différente de faire, bien connue des personnes anxieuses, est d'entacher le présent de la peur de l'avenir. Un avenir qui ne peut être que désastreux, rempli de mauvaises nouvelles. Le futur n'existe pas dans son imprévisibilité : il est déjà prévu, de la pire manière qui soit. Célia est devenue une experte en la matière, capable d'envisager les circonstances de la séparation au moment même de la rencontre amoureuse. « C'est un superpouvoir, ironise-t-elle. J'ai un don de prescience qui ne rate jamais. Quand j'ai rencontré Nicolas, par exemple, je savais que je ne supporterais pas longtemps son côté fêtard. J'ai essayé de m'adapter, pour voir ce que ça donnait, mais ça n'a pas marché. Soit j'essayais de suivre le rythme et j'étais tout le temps fatiguée. Soit il sortait seul et je passais la nuit dévorée d'angoisse, persuadée qu'il avait eu un accident de scooter ou qu'il m'avait trompée. Au bout de quelques mois, on a arrêté à cause de cette incompatibilité. » Est-ce parce que Célia se connaît bien ? Qu'elle est sous le joug d'une inquiétude venue du passé (la peur d'être seule la nuit, d'être abandonnée, de la mort de l'autre… ?) qu'elle ne parvient pas à assouplir, à actualiser et à rassurer dans sa relation présente avec Nicolas ? Est-ce parce qu'elle ne peut envisager qu'un avenir catastrophique et configure la rencontre amoureuse à l'aune de sa superstition ? Peut-être un peu des trois, entremêlés. La rupture est toujours là, tapie, menaçante, prête à sauter sur l'histoire d'amour. Impossible d'avoir confiance.

Célia n'envisage pas l'expérience amoureuse autrement qu'en une succession de trahisons, de déceptions, de souffrances. « Je m'empêche de vivre pleinement les bons moments. J'ai une petite voix qui me susurre: “Ne te réjouis pas trop, ça ne va pas durer. Fais-toi de beaux souvenirs” », raconte-t-elle. Depuis son premier chagrin d'amour, elle se refuse à tout nouvel engagement. « Si la rupture fait si mal, je me passe d'aimer », répète-t-elle. Ainsi que le dit joliment Otto Rank, elle refuse « le prêt (la vie) afin d'échapper au paiement de la dette (la mort[80]) ». Ce faisant, elle s'organise aussi pour minimiser son attachement. Prévoyant l'échec au coin de la rue, mieux vaut ne pas trop s'investir. Cause ou conséquence ? Un cercle vicieux s'enclenche inexorablement : ne pas se lier puisque l'histoire est vouée à l'échec ; vouer l'histoire à l'échec en ne s'attachant pas trop.

La personne anxieuse voit le futur comme un cataclysme en route. Le cyclone est annoncé, elle l'imagine qui avance, qui menace. Elle y fait face physiquement, en tension, comme si elle était déjà dans une situation d'urgence. Prête à fuir ou à subir. Avant de sentir le vent se lever, elle s'est déjà sauvée ou barricadée. Impossible de prendre les choses à la légère, sa survie en dépend. Sauf que l'ouragan n'en finit pas d'arriver et qu'elle ne parvient pas à se détendre. Incapable d'anticiper autre chose qu'un désastre, interprétant chaque signe comme une preuve de la calamité à venir, c'est comme si Célia n'arrêtait jamais son système d'alarme. Nicolas ne sort pas son portable quand il est avec elle ? C'est qu'il a quelque chose à cacher. Il ne peut pas venir dormir ce soir ? C'est qu'il s'est lassé d'elle. Mobilisée pour affronter la rupture, elle ne peut pas envisager qu'il range son téléphone pour mieux profiter d'elle. Ni qu'il préfère boucler un dossier important en travaillant le soir pour être disponible le week-end suivant. Trop occupée par ses prévisions catastrophistes, Célia n'arrive pas à se rassurer dans le présent ni à se détendre, comme nous le faisons quand une situation d'urgence est passée. Pire, ne parvenant pas à démêler ce qui, dans sa si grande tension, appartient au passé ou à sa peur de l'avenir, elle cherche dans le

80. Otto Rank, cité par Irvin Yalom, *Thérapie existentielle*, *op. cit.*

présent des explications : « Si c'est si difficile de me rassurer, c'est qu'il doit bien y avoir quelque chose qui cloche, non ?! » Avec le risque de construire, de toutes pièces, une situation insatisfaisante qui justifie son angoisse.

## Tout est « déjà vu, déjà prévu »

Il y a tout de même quelques avantages à plaquer une signification préétablie à la situation actuelle. Quand tout est « déjà vu, déjà prévu », nous pouvons nous rassurer sur la permanence des choses, nous sécuriser dans une immobilité familière. Ne pas prendre en compte le temps qui passe, le changement. Ne pas risquer une surprise trop déstabilisante. Pris dans les filets du passé ou de l'avenir, le temps est arrêté, maîtrisé. Nous nous cramponnons à un « pseudo-présent[81] », c'est-à-dire un présent privé de la dimension essentielle de « l'ensuite » imprévisible. Un présent mortifère, poisseux, comme le silence qui pèse autour d'une horloge arrêtée. Tout est attendu, tout est prévu. Il n'y a jamais rien de neuf, rien de nouveau. Le problème, c'est que nous créons une illusion de certitude. En nous enracinant exagérément dans la sécurité du connu, en acceptant d'avance nos défaites face à l'incertitude du monde, nous nous privons de saisir au vol la beauté d'une opportunité qui scintille, de nous engouffrer dans une ruelle mystérieuse sans savoir où cela nous mène, de nous offrir des frissons d'excitation à nous surprendre nous-mêmes. « On peut ainsi facilement, en apparence, affronter la réalité sans apprendre quoi que ce soit, sans nouvelle souffrance ni changement. Il suffit, pour cela, d'éviter toute situation réelle qui soit intéressante ou dangereuse, de détourner son attention de tout ce qui pourrait faire qu'aujourd'hui soit différent d'hier. [...] Les seules choses qui manquent, ce sont l'excitation, la croissance et la

81. Jacques Blaize, *Incertitudes et évidences de la gestalt-thérapie*, *op. cit.*

sensation d'être vivant[82] », soulignent Fritz Perls, Ralph Hefferline et Paul Goodman. Toute rencontre est fade, déjà vécue, stéréotypée : ramenée à du « déjà connu ». Sans surprise ni danger. Sans créativité. Toute nouveauté potentielle devient une pseudo-nouveauté qui ne change rien. Coupés de l'élan de vie qu'est notre curiosité, nous nous cantonnons ainsi à une existence répétitive, sans modification de notre expérience et de notre vision du monde.

## Le risque d'une conception utilitariste de l'autre

« L'homme moderne a perdu contact avec lui-même, avec autrui et avec la nature. Transformé en marchandise, il éprouve ses forces vitales comme un investissement dont il doit tirer le maximum de profit possible en rapport avec les conditions du marché[83] », affirmait le psychanalyste Erich Fromm en 1956. Pour les sociologues d'aujourd'hui, c'est en effet ce qu'est devenu le modèle de la rencontre amoureuse. Un modèle poussé à son extrême par les sites Internet. Instantanéité des contacts, profusion imaginaire des rencontres, jouissance d'une consommation sexuelle dénuée d'affect, interchangeabilité des individus[84]. Plus que toute autre technologie, Internet a radicalisé la notion d'un moi « sélecteur[85] », selon les normes libérales et marchandes. Avec l'idée que la rencontre devrait être le résultat du meilleur choix possible car les soupirants sont prétendument si nombreux qu'il nous faut bien sélectionner ceux qui correspondent exactement à nos critères.

C'est ainsi que Valérie évalue ses propres qualités et celles de l'autre pour s'assurer qu'elles sont au même niveau. Dans sa conception du

82. Frederick Perls, Ralph Hefferline et Paul Goodman, *Gestalt-Thérapie*, *op. cit.*
83. Erich Fromm, *L'Art d'aimer*, *op. cit.*
84. Gérard Neyrand, *L'Amour individualiste : comment le couple peut-il survivre ?*, *op. cit.*
85. Eva Illouz, *Pourquoi l'amour fait mal : l'expérience amoureuse dans la modernité*, *op. cit.*

couple, en effet, il convient d'être assorti à quelqu'un qui nous est analogue, que ce soit en beauté, en revenus, en statut social, etc. C'est d'ailleurs ce que fait l'application Tinder, qui note les utilisateurs en fonction de leur désirabilité, si bien que nous n'avons accès qu'aux profils équivalents à notre pouvoir de séduction[86]. Chez Rodolph, un seul déséquilibre est possible : quand la femme est jeune et que l'homme est riche. Alors les deux personnes se « valent ». Pour contrer la menace de déclassement, Valérie a recours à des opérations de chirurgie esthétique, sculpte son corps sur des machines de sport, s'habille avec des vêtements coûteux, etc. Elle veut « être au top » pour séduire le compagnon dont elle rêve. La vie affective s'apparente alors à une gestion de soi avec une stratégie « marketing » pour se mettre en valeur, voire maximiser sa cote. Valérie applique d'ailleurs à sa recherche amoureuse les mêmes techniques qu'à sa recherche d'emploi : valorisation de son CV, *storytelling* positivant ses échecs, camouflage des « trous » dans le parcours de vie, survalorisation de ses qualités...

Cette conception mercantile du rapport à l'autre pose plusieurs problèmes. Le premier, dans ce monde où chacun se voit attribuer une cotation, est la difficulté de s'autoévaluer afin de savoir à quel partenaire nous sommes en droit de prétendre. Le deuxième est que cela va avec une perception de notre personnalité trop bien connue et inamovible, si figée qu'elle trouble notre disponibilité à l'inattendu de la rencontre. Parce que nous avons une grande connaissance de nous-mêmes, de nos qualités et nos défauts que nous considérons comme des attributs stables, définitifs, et que nous nous autoévaluons minutieusement, sans complaisance, nous faisons de même avec nos compagnons potentiels. Tout fait signe : la manière de s'habiller, d'écrire des textos (avec ou sans smileys ?), de choisir son apéritif (« Quelqu'un qui boit de la bière sans alcool ne peut qu'être ennuyeux »), les livres aperçus dans la bibliothèque (ou leur absence)... Tout est interprété.

86. Lire à ce sujet Judith Duportail, *L'Amour sous algorithme*, Éditions Goutte d'or, 2019.

Cette manière de faire va de pair avec une conception descriptiviste de l'être aimé, c'est-à-dire une façon de considérer l'autre comme une somme de qualités (ou de défauts) et non comme un tout, certes fait de facettes plus ou moins agréables, mais ne s'y résumant pas. C'est ce que fait Ludo quand il liste les attributs attendus chez la femme avec laquelle il voudrait être (« tolérante, affectueuse, drôle, cultivée ») et qu'il admet « pointer ce qui ne convient pas » lors du premier rendez-vous : « Elle fume ? Elle n'aime pas les animaux ? Elle a coupé les ponts avec sa famille ? Autant d'évidences que ça ne va pas le faire entre nous », assure-t-il. Nous évaluons les chances de réussite de la relation à l'aune des comportements de l'autre, de son « style » psychologique, que nous estimons plus ou moins sains et compatibles avec les nôtres.

Chacun se définit ou se voit défini comme un agrégat d'attributs psychologiques et émotionnels, et la vie de couple est considérée comme la compatibilité de deux personnalités. Les attributs et les goûts doivent être finement réunis et accordés. Ce comportement utilitariste fait le compte méthodique des satisfactions et des mécontentements récoltés dans l'éventuelle union à l'autre. Loin des contrées amoureuses, nous cherchons à atteindre, *a minima*, l'opération « blanche » ou « gagnant-gagnant » dans une réciprocité impossible. Serions-nous devenus les automates dénoncés par Erich Fromm ? « Des automates sont incapables d'aimer ; ils ne savent qu'échanger leurs "paquets de personnalités" en espérant conclure un marché équitable[87]. » La tentation pouvant être, à l'extrême, de maximiser son intérêt personnel en parvenant à s'unir avec quelqu'un d'une cote supérieure. Cette conception de la rencontre amoureuse fige l'autre dans la confirmation de mes croyances et la satisfaction de mes besoins « quitte à lui mettre une pression inouïe pour qu'il ne me déçoive pas[88] ». Elle nous expose, inévitablement, à des désenchantements programmés.

---

87. Erich Fromm, *L'Art d'aimer*, *op. cit.*
88. Yves Mairesse, cité par Cécile Guéret, « Faut-il admirer l'autre pour l'aimer ? », *Psychologies Magazine*, n° 331, juillet-août 2013.

Ce n'est pas l'autre comme être singulier qui est choisi, mais la liste de ses qualités qui est soupesée. C'est sa valeur même d'être humain qui est déniée puisqu'il est réduit à une étiquette. Pour utiliser une comparaison triviale, c'est comme si nous choisissions un plat sans aucune gourmandise, uniquement parce qu'il contient la bonne dose de vitamines, de fibres, de protéines, etc. Découpé en caractéristiques précises, quantifiables, mesurables et comparables, le partenaire possible est alors menacé d'être substitué par celui d'à côté, dont l'équilibre nutritionnel paraît plus raisonnable. À défaut d'être alléchant. C'est le troisième problème : non seulement nous mettons les individus en compétition les uns avec les autres, mais nous n'arrivons pas à arrêter notre choix. Se décider pour quelqu'un de « suffisamment bien » devient de plus en plus difficile[89]. Nous avons le plus grand mal à nous engager, c'est-à-dire à renoncer aux meilleures perspectives éventuelles. Nous sommes pris dans une compulsion de rencontres, incapables de décrocher. D'où nos réticences à nous déconnecter des applications de rencontres, même une fois la relation installée. « On ne sait jamais. » Qu'un meilleur parti se présente ou que nous soyons subitement délaissés. « Pour se prémunir de revers amoureux, chacun parie sur la trahison de l'autre et contribue ainsi à produire collectivement le pire résultat possible : un monde où l'amour est ce dont on doit se détacher[90] », analyse Richard Mèmeteau.

## La rencontre tellement maîtrisée que nous la ratons

Aujourd'hui, fort heureusement, être en couple n'est plus une obligation. Être célibataire n'est plus considéré comme une tare, une preuve d'immaturité, un défaut moral ou psychique. Être célibataire,

89. Eva Illouz, *Pourquoi l'amour fait mal : l'expérience amoureuse dans la modernité*, *op. cit.*
90. Richard Mèmeteau, *Sex friends : comment (bien) rater sa vie amoureuse à l'ère du numérique*, *op. cit.*

ce n'est pas forcément non plus être seul. Ni affectivement ni sexuellement. Avec la séparation des éléments qui faisaient auparavant bloc dans l'institution conjugale (sexualité, procréation, sécurité affective, matérielle, stabilisation d'un cadre de vie, partage des fonctions et des rôles conjugaux, inscription familiale, intégration sociale…), chacun peut désormais élaborer la formule qui lui convient. Et les combinaisons possibles, multiples, ne cessent de se recomposer, de se complexifier, au gré des nouvelles attentes, des besoins de chacun, des saisons[91] et des inventions argotiques[92]. Ainsi, au « coup d'un soir » s'ajoute le « plan cul » (que nous appelons quand vient l'envie de « faire du sexe »), le « plan cul régulier » (toujours centré sur la sexualité, les petites habitudes en plus), le « plan cul régulier affectif » (ou PCRA, qui rapproche les cœurs des amants). Côté amitié, reste l'incontournable *sex friend*, un copinage autour d'une sexualité partagée, en toute transparence. « Finalement, on se connaît depuis quinze ans, constate Anne-Laure. On s'appelle quand on est célibataire. Sexuellement, c'est top. Et on aime bien discuter, aller au ciné. C'est sympa, décontracté, mais on n'est pas amoureux. Quand l'un est en couple, l'autre s'efface sans problème. » Au contraire du *boy-friend type person* (BTP) ou de la *girl-friend type person* (GTP) : « Léa, c'est la femme idéale. Je suis sûr qu'on pourrait être amoureux si on décidait de s'engager », explique Jules.

Les cadres sexuels, affectifs et officiels ne coïncident plus nécessairement. Nous pouvons vivre seuls, en couple, mariés, pacsés ou non, homos, hétéros, bi ou pansexuels. Car à la liberté sexuelle (échangisme, candaulisme, libertinage…) s'ajoutent le polyamour, les unions *no sex*, les LAT (*living apart together*, amoureux mais chacun chez soi), les couples séparés mais cohabitants ou en « séparlements » (logements séparés communicants[93]), etc. Le sociologue

91. Au bien connu « amour d'été » s'ajoute désormais le *cuffing*, la relation sexuelle pour passer l'hiver.
92. Voir, pour être à jour des dernières techniques de *dating* ou de rupture, le fameux *Urban Dictionary* (www.urbandictionary.com).
93. Comme dans l'excellent film réalisé par Romane Bohringer et Philippe Rebbot, *L'Amour flou* (2018).

Gérard Neyrand parle de l'élaboration d'une « self-norme », c'est-à-dire de la capacité de chacun à produire la sienne ou plutôt à « adapter les normes ambiantes et à choisir parmi la profusion des normes existantes, parfois contradictoires, celles qui conviennent à la situation et à l'état d'esprit du moment, quitte à en changer au prochain épisode[94] ».

Ces innovations normatives témoignent bien sûr d'une plus grande tolérance et offrent à l'individu une indéniable liberté, censée être bornée par les seuls principes du libre consentement et de la prohibition de la violence[95]. Cependant, cette façon de segmenter l'expérience amoureuse tout en en catégorisant le moindre tronçon nous enfonce encore un peu plus dans l'hypercontrôle. « C'est un plan cul affectif, assène ainsi Laurent à propos d'une relation qui pourrait pourtant ressembler au début d'un amour. On est partis sur ces bases-là, on ne peut pas changer en cours de route, ce n'est pas possible. Ce serait comme un vice caché, un mauvais fondement. L'amour doit, dès le début, être de l'amour. » Le problème, c'est qu'en caractérisant ce que nous vivons et en l'affectant à une catégorie préétablie, nous en dissipons le mystère, l'ambiguïté, l'émoi né de l'implicite. Nous nous coupons de la fluidité (trop déconcertante) de l'expérience. Nous en arrêtons le mouvement qui pourrait, par exemple, faire glisser une entente sexuelle du côté de la relation amoureuse. Nous neutralisons à la fois la poésie de l'instant et la possibilité d'évolution, de transformation, d'insoupçonnable et d'immaîtrisable à venir. Nous regardons la rencontre amoureuse comme un entomologiste capture les papillons vivants : en l'épinglant, nous la condamnons.

Ce qui, en outre, n'apaise pas notre anxiété. Car non seulement nous avons la plus grande difficulté à nous repérer dans cette diversification des positionnements amoureux, à interpréter les sentiments et les

94. Gérard Neyrand, *L'Amour individualiste : comment le couple peut-il survivre ?*, *op. cit.*
95. *Ibid.*

intentions de l'autre, mais nous devons aussi être hyper attentifs au respect des règles de conduite adéquates à la situation supposée. Est-ce un plan cul régulier ou un plan cul affectif? Avons-nous le droit de l'appeler un soir de déprime ou est-ce prohibé ? Partage-t-il les mêmes sentiments ou est-ce un *firedooring*[96] ? Pire : ne serions-nous pas victimes d'un *cushioning*[97] ? Comme nous le verrons plus loin (« Quand la rencontre advient, les grandes peurs réactivées », p. 99), nous sommes tiraillés entre notre besoin d'attachement et d'autonomie, de protection et de liberté. Ce à quoi s'ajoute une attente fondamentale, essentielle et jamais tout à fait assouvie : la nécessaire, et toujours en suspens, confirmation de notre identité. Nous nous dépatouillons comme nous pouvons de ces contraintes, tentons de maîtriser l'expression de nos sentiments, de suggérer notre affection par petits bouts en vérifiant la réaction du partenaire, d'élaborer des stratégies pour avoir l'air indépendant (« ne jamais répondre à un SMS le jour même », « attendre un mois avant de rappeler notre plan Q », etc.), de prendre les choses à la légère…

Si chaque type de relation a son propre protocole, ses usages et sa loi implicite, impossible de nous abandonner à nos élans sans risquer le faux pas, subir le malaise, l'incompréhension, le rappel aux règles de départ (« on avait dit qu'on ne se voyait que le mardi », « qu'on ne faisait pas de projet », etc.), et affronter le risque d'être rejetés. Toute spontanéité s'avère risquée, pour soi comme pour la relation. Nous voici astreints à une attention continuelle et épuisante, autant à l'égard de notre propre conduite que de celle de l'autre, ne sachant jamais s'il faut nous dévoiler. Autant de peurs et de mécanismes de contrôle qui ne nous aident pas à nous laisser gagner par la rencontre.

---

96. De l'anglais *fire door* pour « porte coupe-feu ». Dans le contexte amoureux, c'est une relation à sens unique où l'un essaie d'enflammer l'autre, mais la porte est hermétique. Source : Manuela Estel, « Est-ce que votre date vous fait le coup du "*firedooring*" ? », www.cosmopolitan.fr, 2019.
97. Technique de *dating* qui consiste à avoir, en plus de son partenaire « titulaire », plusieurs *cushions* – des personnes avec qui l'on flirte pour amortir une éventuelle rupture avec son titulaire et s'assurer de ne pas être seul. Source : Manuela Estel, « Votre mec est-il coupable de *cushioning*? », www.cosmopolitan.fr, 2019.

**Avril : « Il nous a fallu dix ans pour nous préparer à nous aimer »**

« Benjamin, c'était mon meilleur ami. Celui qui était toujours là quand je n'allais pas bien, qui pouvait toujours compter sur moi, avec lequel j'ai partagé les aventures les plus improbables, discuté, rigolé, regardé des séries pendant des nuits entières. Celui qui savait me soutenir quand je doutais, me pousser aux fesses quand je me posais trop de questions. Et puis un jour, il m'a pris la main différemment, et c'était comme la suite logique de tout ça. Je l'ai regardé et je lui ai dit : « En fait, je t'aime. » C'était très doux et très fort. Important mais pas grave. J'avais l'impression de lâcher un très lourd manteau, de pouvoir respirer profondément, que le ciel se dégageait. Il nous avait fallu dix ans pour nous préparer à nous aimer. »

Nous ne comprenons plus les codes implicites censés encadrer les débuts de l'amour. Nous ne sommes même pas sûrs de partager les mêmes que notre partenaire. Affranchis des règles traditionnelles de séduction, nous sommes certes plus libres, mais aussi plus perdus. Car si les rituels balisent de manière un peu caricaturale et parfois contraignante le chemin sur lequel nous nous engageons, ils ont l'avantage de permettre à chacun de savoir où en est la relation, quelle est la prochaine étape, ce que nous sommes censés attendre et comment nous pouvons, éventuellement, nous désengager. Ainsi, explique Eva Illouz, pour les classes moyennes anglaises du XIXe siècle, « le processus de séduction avançait par gradations subtiles, l'homme et la femme commençant par échanger quelques mots, pour ensuite aller en promenade et finalement passer plus de temps ensemble une fois établie leur attirance réciproque. La gradation de l'engagement affectif était soigneusement contrôlée et devait respecter des séquences rituelles connues de tous[98] ».

98. Eva Illouz, *Pourquoi l'amour fait mal : l'expérience amoureuse dans la modernité*, *op. cit.*

Une forme aux antipodes de l'intensité qui domine nos rapports amoureux, dans lesquels la ferveur de nos émotions devient la motivation de notre engagement. Si bien que nous scrutons nos sentiments et ceux de l'autre afin de décider de l'importance et de la signification future de notre relation. Des émotions que nous cherchons pourtant à contenir (voir page suivante), tout en rêvant qu'elles nous submergent, dans une révélation bouleversante s'imposant par son intensité. Le fameux coup de foudre qui nous soulagerait fort opportunément de l'angoisse de la drague[99] et de tous ces atermoiements.

Avec la diversification importante des combinaisons amoureuses, l'explicitation, le dialogue et la négociation deviennent en effet déterminants. Car, si nous avons chacun notre propre norme, il faut bien trouver un terrain d'entente avec notre partenaire et élaborer les fondements communs d'une vie de couple. Un moment crucial, qui peut mener à la séparation si nous comprenons que nos deux visions sont incompatibles. Pour pouvoir faire évoluer la relation sur le jeu de l'oie amoureux, chacun doit donc faire connaître sa position, « formuler des propositions auxquelles l'autre consentira ou non, et qu'il faudra négocier[100] », écrit Gérard Neyrand. Ce qui n'évacue pas les risques de malentendus ni la nécessité de continuer à en parler au fil du temps. « Nous sommes tous les deux très attachés à notre liberté, annonce Aby. C'était clair quand nous nous sommes rencontrés. Chacun fait ce qu'il veut, autant avec son corps qu'avec son emploi du temps. Quand nous ne vivions pas ensemble, c'était facile : nous décidions quand nous avions envie de nous voir, et le reste du temps c'était *free*. Mais, depuis que nous avons emménagé, ça crée des tensions, des contraintes, des restrictions. Prévenir l'autre qu'on ne rentre pas dîner, par exemple, est-ce écorner notre liberté ? Pour lui, non. Moi, j'ai l'impression de lui demander l'autorisation de sortir, c'est désagréable. À l'inverse, je suis moins intéressée

99. Jean-Claude Bologne, *Histoire du coup de foudre*, *op. cit.*
100. Gérard Neyrand, *L'Amour individualiste : comment le couple peut-il survivre ?*, *op. cit.*

qu'avant par la liberté sexuelle. J'en ai fait le tour, ce n'est plus si important. Lui, je ne sais pas où il en est, il faudrait qu'on en discute. »

## Sensations, émotions : tout est sous contrôle

À cet hypercontrôle des étapes de la relation amoureuse s'ajoute une autre problématique qui nous empêche de nous laisser emporter par la rencontre : notre difficulté à ressentir. Au cours de notre développement, en effet, nous n'apprenons pas à écouter nos sensations, perceptions, émotions, sentiments (voir encadré p. 92). Pire : nous le désapprenons. Nous sommes éduqués avec l'idée qu'il convient de maîtriser et de réprouver nos affects, que les montrer est un aveu de faiblesse. Si bien qu'il nous est souvent difficile, notamment, de prêter attention à nos sensations. De les considérer avec intérêt. De simplement constater l'émergence d'un fourmillement, d'une tension, d'une chaleur, d'un vide… Avec curiosité, ouverture, égards, considération, bienveillance, sans y coller un jugement ni une interprétation (« ça se sert dans le ventre, c'est donc de l'angoisse ») ou une cause psychologique (« c'est parce que j'ai peur d'être rejeté dans la relation amoureuse »). Sentir. Sans mettre trop vite un sens. Sans figer non plus nos sensations. Les regarder bouger, évoluer, changer. Simplement et pourtant de manière essentielle.

Nos ressentis constituent une boussole indispensable pour nous orienter dans le monde. Ils donnent de précieuses informations sur nous-mêmes comme sur l'environnement. Nous en couper, c'est prendre le risque de ne pas voir ce qui peut s'avérer délicieux, bénéfique, intéressant ou, au contraire, pénible, néfaste, dangereux… C'est aussi prendre le risque de nous perdre, ne jamais savoir où est le nord ni dans quelle direction il nous serait bon d'aller. Ressentir, ce n'est en effet pas seulement percevoir passivement le monde mais c'est aussi discerner (par l'odorat, le goût, le toucher, l'audition, la vue) ce qui se passe autour de nous et décider d'une action. De la même manière, nos émotions nous informent d'un besoin plus ou moins complexe : la peur nous prévient que nous devons nous protéger, la colère qu'il faut nous défendre, etc. Elles nous permettent de savoir comment répondre aux événements ; nous disent ce qui est menaçant, toxique, destructeur ou, au contraire, attirant, nourrissant et constructif. Elles nous préparent à agir, nous mettent en mouvement.

**Le processus émotionnel**

- Les ***sensations*** sont des réactions physiologiques, localisées dans le corps. Elles constituent une expérience immédiate et directe produite à partir de stimuli simples, isolés, perçus grâce à nos cinq sens. Sensation de chaud, de froid, d'éblouissement, de dur, de sucré… Elles peuvent être plaisantes ou non, avec toutes les ambivalences, tonalités et intensités possibles.
- Les ***perceptions*** impliquent d'organiser et d'interpréter nos sensations. La plupart du temps, il est « impossible de faire la distinction entre sensation et perception car ces processus sont pratiquement toujours inséparables[101] », précise la gestalt-thérapeute Myriam Muñoz-Polit. Par exemple, quand nous sentons une oppression dans la poitrine, nous ne pouvons pas distinguer clairement s'il s'agit d'une sensation ou d'une perception : il s'agit bien des deux qui fonctionnent de manière unifiée.
- Les ***émotions*** dépendent des sensations et des perceptions. Elles sont spontanées, soudaines, intenses, mais de courte durée. Elles sont plus difficiles à localiser que les sensations. Elles marquent l'irruption de quelque chose, un déséquilibre dans l'homéostasie. Elles se manifestent par des changements dans

101. Myriam Muñoz-Polit, *Émotions, sentiments et besoins : une approche humaniste*, L'Exprimerie, 2011.

l'expression (du visage, de la voix, de la posture...), par une impulsion à l'action (avancer, s'immobiliser, repousser...) et par la coloration de notre «vécu émotionnel[102]». «Elles sont en rapport étroit avec nos croyances, nos pensées, le contexte dans lequel elles surgissent[103].»

- Les ***sentiments*** sont moins intenses, de plus longue durée et plus complexes que les émotions. Ils sont parfois difficiles à cerner, à déchiffrer, à identifier. Ils sont issus des sensations, perceptions et émotions, auxquelles s'ajoutent une interprétation, une évaluation cognitive, en cohérence avec le contexte, nos expériences antérieures du même ressenti, nos références culturelles, nos croyances, notre histoire. Ils constituent le sens que nous donnons à l'expérience.

Sauf qu'une émotion peut en cacher une autre. Et ce, non seulement de manière désajustée, dysfonctionnelle, mais aussi «disproportionnée», souligne Myriam Muñoz-Polit[104]. Notre élan d'affection (dont l'objectif de survie est le lien) peut ainsi être recouvert par de la tristesse (par habitude, par coloration des expériences passées, par mandat familial, par anticipation catastrophique de l'avenir ou autre raison propre à chacun...), si bien que nous nous mettons en retrait plutôt que d'aller vers l'autre. Chez Pierre, c'est une immense peur qui prend le dessus. Il reconnaît un mouvement de fuite, le besoin de tourner les talons, alors même que quelqu'un lui plaît. Pour d'autres, c'est la colère qui surgit, générant une réaction de défense, voire d'attaque. Comme pour Guillaume, qui ne sait pas séduire autrement qu'en houspillant, en faisant des blagues piquantes, pas toujours drôles... et souvent mal comprises, à son grand désarroi.

102. Brigitte Lapeyronnie-Robine, *La Place de l'émotion dans le processus d'ajustement créateur*, L'Exprimerie, coll. «Mini-bibliothèque de gestalt-thérapie», 2015.
103. Brigitte Lapeyronnie-Robine, «Pour une délocalisation des émotions», *in (S')émouvoir*, L'Exprimerie, coll. «Cahiers de gestalt-thérapie», 2003.
104. Myriam Muñoz-Polit, *Émotions, sentiments et besoins : une approche humaniste*, *op. cit.*

De la même façon, compte tenu de notre parcours ou de nos valeurs (qu'elles nous soient propres, familiales, culturelles...), certains sentiments sont acceptables, familiers, tandis que d'autres sont irrecevables, connotés négativement, évités ou réprimés. Imaginons par exemple que, dans notre histoire, il a été valorisé de montrer notre amour, mais inadmissible d'être triste. Il est possible que nous transformions notre tristesse en une affection désajustée ou disproportionnée, c'est-à-dire en une tentative de créer du lien coûte que coûte, une difficulté à nous différencier, avec éventuellement, cachée dessous, une peur de la solitude, du rejet, et une épuisante dévalorisation de nous-même. Si, malgré cela, la tristesse existe un peu quand même, nous pourrions la minimiser. Nous ne la vivons alors pas comme une nécessité vitale de repli, mais nous la colorons de la croyance que c'est une faiblesse, qu'il faut être gai, rire, s'amuser. « C'est tout moi, reconnaît Lia. Je me réfugie dans la superficialité, la fête, la rigolade, les aventures. Sauf que, quand je rentre chez moi, je suis encore plus mal. »

Ainsi, nous pouvons faire dérailler le processus émotionnel au moment de la sentation/perception, lorsqu'elle est partielle, déformée ou que nous sommes anesthésiés. Au niveau suivant de l'émergence de l'émotion, lorsque nous la nions ou la substituons par une autre, ou encore quand nous l'élaborons en sentiment. Ce qui complique considérablement notre orientation dans le monde et, en particulier, dans la relation à l'autre. Si nous sommes désensibilisés, comment nous y retrouver dans la rencontre ? Comment savoir si l'autre nous plaît ? Si nous nous sentons en confiance, en sécurité ? Considérés, accueillis ? Émus, émoustillés, emportés ? Ce à quoi s'ajoute, comme nous le verrons au chapitre suivant, des stratégies amoureuses compliquées, avec évaluation, comparaison, projection dans le futur, intellectualisation de la décision... Nous baignons dans un monde qui nie la sensibilité, qui porte aux nues la performance, l'efficacité, la rentabilité, le contrôle de soi. C'est le modèle d'« autorégulation émotionnelle » et de choix optimal qui encadre la rencontre amoureuse, en particulier sur Internet[105]. Autant de mécanismes qui nous coupent de la spontanéité de notre vécu.

## L'hyper-rationalisation du choix amoureux

Notre impossibilité de ressentir est accentuée par une extrême rationalisation du choix amoureux issue des systèmes de rencontre *online*. Internet a en effet radicalement changé la rencontre en nous poussant à sélectionner drastiquement les prétendants et en accentuant la recherche du meilleur choix possible. Une manière de faire qui a ensuite largement débordé des écrans, colorant désormais toutes les rencontres, même IRL[106]. Parce que nous avons tous été exposés aux discours publicitaires vendant des milliers de rencontres à portée de clic, nous avons intégré l'idée que nous n'avions qu'à choisir, comme des consommateurs dans un hypermarché, parmi l'incroyable profusion de partenaires éventuels. La rencontre amoureuse est ainsi, de plus en plus, abordée comme une sélection dûment pesée, avec des colonnes « pour » et « contre » pour les différents soupirants, des échelles de notation, de comparaison : « Untel n'est pas très grand, mais élégant. Tandis qu'untel a de l'humour mais n'aime pas les voyages. » Chacun est scruté, mesuré, évalué, comparé. « J'avais des attentes compliquées et tendance à cocher ce qui ne convenait pas, se souvient Stéphanie : "trop sérieux", "manque de fantaisie", "fait vieux"… Je cherchais des profils un peu rock'n'roll alors que je suis une fille très sage. Du coup, je ne collais pas non plus à ce que les hommes attendaient de moi. » Et la rencontre ne se faisait pas.

Parce qu'elles proposent un volume bien plus important d'inter-

105. Eva Illouz, *Pourquoi l'amour fait mal : l'expérience amoureuse dans la modernité*, *op. cit.*
106. Pour *in real life*, c'est-à-dire « dans la vraie vie ».

actions que dans la vie, les rencontres en ligne ont démocratisé l'acquisition de techniques pour gérer plus facilement et efficacement ces flux. C'est que, sur le Net, l'offre de célibataires nous apparaît si vaste que nous contactons des personnes correspondant précisément à nos aspirations, à nos critères de réussite, d'apparence, de niveau socioculturel, de mode de vie, de caractère, etc. « Au début, j'acceptais des *dates* avec un peu tout le monde. Je ne voulais pas me fermer des portes et je pensais pouvoir rencontrer l'amour hors de mon milieu. Puis j'ai vite eu l'impression que nous n'avions pas assez de points communs, et trop souvent rien à nous dire en une heure de rendez-vous au café », regrette-t-elle. *A contrario*, les sites communautaires, qui resserrent l'échantillon autour d'une religion ou d'un *hobby*, peuvent sembler enfermants, restreignant un peu trop les possibles.

Le problème, c'est qu'en devenant ainsi hyper-rationalisé, le choix amoureux entrave la dynamique naturelle de la rencontre, certes fondée sur une découverte intellectuelle de l'autre, mais aussi sur l'intuition, le ressenti corporel, le sentiment spontané. Trop d'introspection nous coupe de nos émotions et nous empêche de nouer un lien affectif. D'autant plus que les nouvelles manières d'entrer en contact (sites et applications de rencontres, *chat*, réseaux sociaux, SMS...) désincarnent les rencontres. Fondées avant tout sur un récit de soi textualisé (nous rédigeons notre fiche, échangeons par écrit), ces technologies fondent l'intimité non pas sur le vécu mais sur une accumulation de connaissances, d'attributs, d'informations – soit fournies par l'autre, soit complétées par une recherche sur Google. Trop de savoirs, peu de sensorialité. « J'ai bien épluché son site Internet, son profil LinkedIn, son Instagram... Sur le papier, il avait tout bon. Mais quand je me suis trouvé en face de lui, ça a été le grand blanc. Je me sentais vide, je ne savais plus quoi penser », raconte Loïc.

Saturée d'informations, l'idéalisation de l'autre est empêchée car « l'imagination propre à Internet est prospective : c'est-à-dire qu'elle vient se porter sur quelqu'un qui n'a pas été encore rencontré[107] », précise Eva Illouz. Nous savons tout (ou nous croyons tout savoir) de l'autre avant la rencontre IRL. L'autre est d'emblée révélé, en pleine lumière, sans dévoilement progressif, sans place laissée à ce que nous ignorons encore de lui et que nous découvrons peu à peu. D'où la difficulté à l'idéaliser, à laisser l'imagination, les rêveries et les fantasmes faire leur chemin. D'où aussi le sentiment d'une immense prise de risque lorsque nous décidons de le rencontrer « en vrai », car l'approche amoureuse a été menée sans que nous puissions nous appuyer sur nos ressentis, notre intuition, notre éprouvé, dans un face-à-face incarné. La rencontre apparaît comme un saut dans le vide. Avec le danger, fréquent, d'une profonde déception. « Il est moins beau que sur sa photo de profil », « elle est moins drôle que par *chat* », « il ne parle pas aussi bien qu'il écrit », etc.

À l'extrême, nous devenons de moins en moins aptes à sentir ce qui se passe en nous quand nous sommes en relation avec quelqu'un d'autre. Nous voici dans un face-à-face réfrigéré, le nez sur notre feuille d'évaluation, coupés de nous-mêmes. « Une femme qui pinaille sur la nourriture, c'est sûr, c'est *no way* », assène Adam. Pour Juliette, impossible de dire si elle a passé un bon moment : « Il a commandé un jus de tomate. Un jus de tomate ! Je suis restée bloquée. Je ne peux pas tomber amoureuse d'un homme qui boit du jus de tomate ! » Tandis que Valérie ne comprend pas ma question quand, sortie de la liste des signes extérieurs de richesse qu'elle a observés chez son interlocuteur, je lui demande si la soirée était agréable. Certains d'entre-nous ne se débarrassent pas totalement de leurs ressentis mais distinguent formellement le corps et le mental. Chaque entité, indépendante, aurait sa sagesse et sa direction propre. Pour évaluer correctement la réussite d'une rencontre amoureuse, il faudrait donc soit « stopper le mental », soit « gérer ses émotions ». L'un comme l'autre étant accusés d'être de mauvais conseillers.

107. Eva Illouz, *Pourquoi l'amour fait mal : l'expérience amoureuse dans la modernité*, *op. cit.*

Or, de ces deux manières de faire, aucune ne se suffit à elle-même. Comme l'a démontré le neuropsychologue Antonio R. Damasio, « les processus mentaux émanent de l'organisme tout entier, et non pas seulement d'un cerveau séparé du corps[108] ». Lorsque nous voyons, entendons, touchons, goûtons, sentons, discutons, rions, embrassons… c'est bien la totalité de notre personne qui interagit avec l'environnement. Raison et perceptions sont intimement entremêlées, s'influençant l'une l'autre. Pour penser, insiste-t-il, il faut justement sortir de la conception dualiste selon laquelle le corps et le cerveau sont des entités distinctes et « accorder plus d'attention à la vulnérabilité du monde intérieur[109] ».

108. Antonio R. Damasio, *L'Erreur de Descartes*, Odile Jacob poches, 2016.
109. *Ibid.*

# Quand la rencontre advient, les grandes peurs réactivées

## Être soi n'est jamais acquis

Devoir dire qui il est, ce qu'il aime, ce qu'il espère, c'est la grande crainte de Julien : « Il y a des gens qui ont un avis sur tout, qui sont des meneurs. Moi, je suis un suiveur. Je n'ai pas vraiment d'opinion, pas de passion, pas de personnalité. Je suis plutôt inconsistant. Je ne le vis pas mal, mais je reconnais que ce n'est pas très sexy. Quand il faut me présenter à l'autre, dire quelle musique j'aime par exemple, c'est le vide : je n'en sais rien ! » Au point que la panique le pousse parfois à annuler le rendez-vous galant, la définition de lui-même sous le regard de l'autre étant trop éprouvante. C'est que, plus que toute autre rencontre, l'aventure amoureuse nous expose au péril le plus intime, le plus secret et le plus indiscernable : celui de l'impossible clôture de notre identité, de la nécessité de nous aventurer perpétuellement hors de nous-mêmes pour tenter de saisir, fugitivement, hypothétiquement et inlassablement, qui nous sommes.

Pour la plupart d'entre nous, heureusement, le sentiment de soi est bien là, connu. C'est notre petite musique de fond[110]. C'est un socle sur lequel nous pouvons nous appuyer, pour avancer ou reprendre notre souffle. « Être soi-même, écrit Patrick Colin, c'est arriver à se construire un monde familier et rassurant qui évacue autant que faire se peut l'étrange, et qui chaque jour me dit : "Tu es toi, le même qu'hier dans ce jour qui ressemble à hier, du moins à peu près[111]." » C'est le fil que nous tissons d'une année à l'autre, la ressemblance que nous trouvons entre l'ado boutonneux que nous étions et l'adulte que nous sommes devenus. Cette tension constante entre changement et permanence, que nous tentons, intimement, de tenir à bout de bras, de concilier ou de pacifier.

**La métaphore du navire de Thésée**

Le navire de Thésée est une métaphore philosophique pour penser les notions d'identité et d'altérité. La mythologie grecque raconte en effet que le héros Thésée sauva sept jeunes hommes et sept jeunes filles qui devaient être donnés en sacrifice au Minotaure. Le navire sur lequel il revint de Crète fut, retrace Plutarque[112], conservé par les Athéniens jusqu'à l'époque de

110. « Ce que le philosophe Edmund Husserl appelle le style constitutif de l'expérience, c'est-à-dire la coloration commune de qui je suis, quelle que soit ma fonction. Cette coloration nous donne un sentiment d'identité », m'explique Jacques Blaize lors d'une communication personnelle.
111. Patrick Colin, *Philosopher en gestalt-thérapie : divers tissements*, *op. cit.*
112. Plutarque, *Vies parallèles*, Gallimard, 2001.

Démétrios de Phalère. Ce que suggère donc la légende, explique lemédecin chercheur Jean-Claude Ameisen, « c'est que les Athéniens ont conservé le navire de Thésée durant plus de neuf cents ans[113] ». Comment ? « Ils en enlevaient les planches quand elles étaient trop vieilles, dit Plutarque, et les remplaçaient par d'autres, plus solides, qu'ils fixaient à l'ensemble. Aussi, quand les philosophes débattent de la notion de croissance, ils voient dans ce navire un exemple controversé : les uns soutiennent qu'il reste toujours le même, les autres disent qu'il n'est plus le même[114]. » En effet, est-ce bien le bateau de Thésée s'il ne reste plus aucune planche originelle ? Est-ce la nature des planches ou leur organisation les unes par rapport aux autres qui fait son identité ? Est-il le même ? Est-il un autre ? Une question qui se pose aussi à l'humain, si l'on considère le renouvellement cellulaire de notre métabolisme (pas intégral, certes) au cours de la vie. La réponse, propose Jean-Claude Ameisen, est peut-être que notre identité « réside dans la capacité même du vivant de se métamorphoser[115] ».

Être soi n'est jamais totalement acquis, jamais assuré, jamais vraiment là. C'est un pays lointain, celui des origines, puis de l'assimilation progressive des expériences dans lesquelles nous nous sommes engagés et auxquelles nous ne pouvons donner un sens que dans l'après-coup. Être soi est notre horizon, celui d'où nous venons et vers lequel nous nous dirigeons, que nous connaissons intimement mais dont nous ne sommes jamais sûrs d'avoir franchi la frontière. C'est un passé remémoré, remanié, remodelé. Un présent insaisissable. Un avenir inattendu. Être soi n'est pas quelque chose qui se conquiert, que nous pourrions serrer précieusement au creux de la main, mettre dans une cage ou dans un coffre-fort. Pas de « c'est

113. Jean-Claude Ameisen, « Sur les épaules de Darwin : le navire de Thésée », www.franceinter.fr, 16 septembre 2017.
114. *Ibid.*
115. *Ibid.*

bon, je l'ai, je suis moi ! » possible. Être soi est en devenir, en inachevé, création infinie et perpétuelle gageure. C'est rester soi, tout en se découvrant un peu autre à chaque instant. Devenir autre, tout en restant soi-même. Si nous la regardons du côté du mouvement, du changement, du processuel, la question n'est donc pas « qui suis-je ? » mais « qui suis-je en train de devenir en ce moment, dans cette situation ? », explique Jacques Blaize. Qui ajoute malicieusement : « Quand on me le demande, si je suis cohérent, je suis amené à donner une réponse différente à chaque fois[116] ! » Et il n'y a qu'à la toute fin, au moment même de notre mort, que nous pourrons peut-être savoir qui nous avons été.

C'est donc au fur et à mesure des contacts avec l'environnement (nos interactions, l'air que nous respirons, l'eau dans laquelle nous nous baignons) que la différenciation et la perception de soi comme individu s'opèrent. C'est la manière dont nous nous approprions, d'instant en instant, qui nous devenons. Du latin *ex-sistere* « sortir de, se manifester, se montrer[117] », « le terme d'existence renvoie donc à un mouvement, à un avant de soi, comme une fuite en avant dont la marche pourrait être l'image, puisque la marche est la recherche d'un équilibre perdu dans un déplacement du corps vers l'avant[118] », souligne Patrick Colin. D'un côté, la continuité d'une identité familière, l'assurance de qui nous sommes et que nous allons survivre à ce vertige ; de l'autre, l'impermanence, la nouveauté, la surprise et l'étrangeté du soi en devenir. Et, d'un pas à l'autre, le processus de devenir soi, *work in progress.*

Dans les moments de doute cependant, cette irrésolution de notre identité peut devenir instabilité, fragilité, confusion, angoisse. Un vacillement parfois insupportable qui peut nous plonger dans un abîme d'incertitude. La rencontre amoureuse, qui allie les idéaux

116. Jacques Blaize, communication personnelle.
117. www.cnrtl.fr
118. Patrick Colin, *Philosopher en gestalt-thérapie : divers tissements, op. cit.*

contradictoires d'épiphanie de soi et de fusion avec l'autre, peut ainsi être terriblement angoissante. Sous le regard de l'autre, trop de nouveauté, de surprise, peut en effet nous confronter à la peur de perdre pied ou au sentiment de ne pas exister. Car si toute relation nous affecte, nous altère, nous rend un petit peu différents, un petit peu « autres » à nous-mêmes, l'amour est bien « cette délicieuse émotion qui pousse à sortir de soi, à s'arracher de son monde pour partir à la recherche de l'objet parfait, donc idéal. Cette émotion nous conduits à tenter l'aventure[119] ».

**Carlotta : la difficulté à dire ce qu'elle aime**

Lorsque Carlotta a sonné la première fois à la porte de mon cabinet, je ne l'ai pas trouvée. Il a fallu que je tende le cou dans la rue pour l'apercevoir derrière la boîte aux lettres, dans un petit coin. Toute fine, toute droite, les bras collés le long du corps. Inscrite dans une agence matrimoniale, ses rendez-vous ne menaient à rien car on lui reprochait d'être trop effacée. Elle parlait peu, avec une petite voix, et pouvait passer de longs moments dans le silence, sans rien attendre. « Je ne sais pas quoi dire, alors je ne dis rien. » À mes questions, elle répondait « oh, oui, c'est sûr » d'un air détaché, si bien que je ne savais si c'était une réponse ou une manière d'éluder la question. « Ah oui... c'est que tout me va », me dit-elle quand je lui fis part de mon désarroi. Elle se voyait comme une poupée posée dans un coin. Inexistante. Elle aurait même pu disparaître totalement, sans que cela ne lui pose de problème, sauf qu'elle constatait que cette transparence empêchait la rencontre avec l'autre. Et il est vrai que, face à sa malléabilité, je me sentais moi-même me désinvestir. Un matin, elle arriva bien embêtée : « Je dois compléter ma fiche descriptive en disant ce que j'aime. » Impossible, puisque tout lui allait ! Nous commençâmes donc petit : « Est-ce qu'il y a quelque chose, dans

119. Boris Cyrulnik, *Sous le signe du lien*, *op. cit.*

mon cabinet, que vous pourriez apprécier particulièrement ? Ou, au contraire, ne pas tellement aimer ? » demandai-je. Cela prit du temps. Beaucoup de temps. La différenciation était un exercice douloureux qui l'exposait au péril de la honte, du rejet, de l'annihilation. Dire qu'elle n'aimait pas le thé, alors qu'elle acceptait à chaque séance ma proposition d'en boire, fut par exemple un moment important pour elle. Elle constata que je ne la rejetais pas et que j'avais même du plaisir à découvrir quelque chose d'elle à cette occasion. Elle apprit peu à peu à identifier et oser dire ce qui lui plaisait. Sur sa fiche de célibataire, elle a pu un jour écrire : « J'aime la cuisine asiatique. » « C'est bien, c'est large. » Elle se positionnait, sans risquer de vexer l'autre. Elle s'autorisait petit à petit à exister.

## Une insupportable insécurité

Dans la rencontre amoureuse plus que dans toute autre rencontre, nous marchons en effet sur une ligne de crête entre deux précipices : d'un côté, nous craignons que l'autre nous écrase, nous envahisse, nous dévore, nous empêche d'exister (voir « Angoisse de séparation *versus* angoisse d'envahissement », p. 110) ; de l'autre, qu'il fasse défaut, qu'il ne soit pas engagé dans la rencontre, qu'il soit si recroquevillé à l'intérieur de lui-même que nous ne puissions l'atteindre. Trop de l'autre, c'est la terreur de l'annihilation ; pas assez, c'est l'angoisse de l'inexistence car le « soi » n'a rien contre lequel se frotter pour se différencier et se sentir exister. D'un côté comme de l'autre, nous ne pouvons pas nous définir. Face à ce dilemme relationnel, la rencontre amoureuse est nimbée d'une incertitude dangereuse. Parce qu'elle demande un engagement qui souvent nous dépasse, elle précarise encore un peu plus le sens que nous avons de nous-mêmes. D'autant qu'à cette inquiétude identitaire s'ajoute un besoin vital de confirmation narcissique. Pour la sociologue Eva Illouz, la notion d'insécurité est ainsi devenue centrale dans les conceptions contemporaines de l'amour alors qu'elle n'apparaissait pas dans le vocabulaire des récits amoureux des XVIIIe et XIXe siècles[120].

Tandis que nous attendons du lien amoureux l'ultime reconnaissance de notre valeur, la rencontre se charge d'une incertitude menaçante. Car les critères permettant d'évaluer les autres ne sont en fait ni si objectifs, ni communément partagés. Être désirable, par exemple, dépend à la fois d'un goût très personnel (vous préférez les blonds ou les bruns ?) – marqué socialement (jogging ou chemise en lin ?) – et d'une compatibilité psychologique avec l'autre, imprévisible. L'enjeu est de taille. Essentiel, fondamental, vital. Tout peut basculer : nous pouvons être choisis, déclarés aimables, valables ou ignorés, délaissés, rejetés. « Lorsque l'amour est défini comme s'adressant à l'essence la plus intime de la personne et non à sa classe et à sa position sociale, l'amour vient directement conférer de la valeur à la personne, et un rejet devient un rejet du moi[121] ».

Une relation amoureuse contractuelle, choisie pour des raisons affectives par deux individus aux droits égaux, nourrit, pour certains, la crainte qu'elle soit plus volatile, instable, insécurisante. Nous y entrons et nous y mettons un terme à notre guise. La liberté de chacun, c'est la peur de voir l'autre s'en aller. Ce qui peut nous plonger dans une immense vulnérabilité… et face à un risque inouï au moment de rencontrer l'autre. Nous restons sur nos gardes, méfiants, à bonne distance. Un peu trop loin pour nous laisser la possibilité de rencontrer l'autre véritablement. Un peu trop fermés pour laisser advenir l'inattendu d'un « nous » naissant, unique et surprenant. « L'amour contemporain est aussi ambigu que le rituel de séduction du vampire, écrit Michael Vincent Miller : on ne sait jamais si l'on doit s'attendre à un baiser passionné ou si les crocs vont s'enfoncer dans la veine jugulaire. […]. À ce stade de défiance,

120. Eva Illouz, *Pourquoi l'amour fait mal : l'expérience amoureuse dans la modernité*, *op. cit.*
121. *Ibid.*

les individus n'ont plus qu'à se regarder en chiens de faïence, à rester sur leurs gardes et à geler sur pied dans leur solitude[122]. »

**Du « couple chaînon » au « couple conversation »**

Irène Théry, directrice d'études à l'École des hautes études en sciences sociales et sociologue de la famille contemporaine, met à jour trois périodes, depuis la Renaissance, quant à la conception du couple en Occident[123].

Autour du concile de Trente, au XVIe siècle, le couple est d'abord conçu comme un « chaînon entre deux lignages », explique-t-elle. La passion est perçue comme une menace pour l'ordre social et les intérêts familiaux. Prolongeant la conception chrétienne du mariage, s'ajoute « l'idée que le mariage est fait pour protéger de la fornication et qu'il constitue l'état le plus proche de la chasteté ».

Avec la modernité politique vient le couple conçu comme une unité en soi. À partir du XVIIe siècle, mais surtout au XVIIIe siècle, monte en effet « la révolte progressive des jeunes gens contre la tutelle des parents sur leur désir et leur amour ». Avec la Révolution française et la déclaration des Droits de l'homme, apparaît qu'il y a un moment dans l'existence où l'on doit « pouvoir être responsable de soi et être reconnu par la société comme capable de se gouverner soi-même ». Désormais, le libre choix du conjoint est partie intégrante de la légitimité du couple. Cette conception est mise en forme par le Code Napoléon dans les débuts du XIXe siècle avec l'élaboration du mariage civil par libre consentement et non plus soumis à l'accord des parents. « Voilà que l'amour, qui était ce dont on se défiait le plus dans la période antérieure et qui constituait la menace pour le mariage

122. Michael Vincent Miller, *L'Amour terroriste : de l'affrontement à l'équilibre, op. cit.*
123. Irène Théry, « Le couple occidental et son évolution sociale : du couple "chaînon" au couple "duo" », *Dialogue*, n° 150, octobre-décembre 2000.

"chaste", devient la garantie de ce qu'est socialement un couple acceptable », écrit la sociologue.
Les années 1960 sont ensuite celles de l'avènement du couple duo. En effet, avec la reconnaissance de la femme comme sujet et interlocutrice de l'homme à parts égales, « la légitimité du couple n'est plus donnée de l'extérieur et une fois pour toutes, par les noces : elle doit être l'objet d'une reconquête permanente », notamment dans la conversation par laquelle « reconnaissance de l'autre et connaissance de soi dans sa différence croisent les fils d'une histoire partagée ». Pour durer, le couple doit affronter régulièrement sa propre crise, se mettre en danger de mort et de résurrection, se rechoisir et se refonder périodiquement sur de nouvelles bases.

## L'incontrôlable et indispensable liberté de l'autre

L'angoissante précarité de l'union amoureuse qui rend la rencontre si vertigineuse vient aussi d'un facteur d'incertitude irréductible, indomptable et inévitable : l'autre. Cet autre nécessaire pour que la rencontre ait lieu. Cet autre que nous ne connaissons pas, ou peu, ou du moins que nous apprenons à cerner en sachant que nous ne pourrons jamais *tout* connaître de lui. Qu'il nous sera toujours profondément mystérieux. Fondamentalement énigmatique, insolite dans sa différence, étrange, déconcertant. Dont les profondeurs nous sont impénétrables, immaîtrisables. L'insupportable altérité de l'autre, avec laquelle il faut bien négocier, dont il faut bien s'accommoder, tenter d'apprivoiser, de ramener à du familier en cherchant des points communs, du « même » ou du « presque pareil », histoire de nous rassurer un peu. Une problématique qui n'est pas nouvelle, bien sûr, puisqu'elle prend sa source dans la conscience existentielle d'être des individus séparés, fondamentalement seuls à vivre, à ressentir et à mourir. C'est notre condition d'humain.

Avec, tout de même, une spécificité contemporaine : l'authenticité exigée dans la rencontre amoureuse. En effet, tandis que la qualité d'un mariage au XIXe siècle dépendait de la capacité de l'individu à faire preuve de cohérence en jouant avec succès le répertoire attendu, puis en le tenant au fil des années, notre conception actuelle de l'amour s'appuie sur notre capacité à exprimer notre moi authentique et à accomplir notre intériorité la plus profonde[124]. Nous voici loin des rives stables, sécurisantes, de l'altérité bien comprise, connue et prévisible. Loin de la constance et de la continuité temporelle d'antan. Plus près aussi de la liberté à être comme nous le souhaitons, à ne pas nous conformer au rôle assigné, à avoir la possibilité de changer.

Nous entrons dans l'ère de l'authenticité relationnelle, donc de la discontinuité du moi, de l'instabilité, de l'inattendu, de l'incertain. Qui sait ce que nous serons dans un mois, deux ans, dix ans ? Qui sait ce que nous allons advenir au fil de notre développement personnel ? Qui sait ce que deviendra notre partenaire au fur et à mesure de la réalisation de lui-même ? Comment constituer un couple en laissant ouvertes les options d'épanouissement de chacun, de découverte de soi, d'évolution imprévue ? Les promesses ne peuvent plus concerner que le moment présent. « Demander que l'on s'engage sur les émotions que l'on éprouve à l'avenir devient illégitime car perçu comme une menace pour la liberté[125] », affirme Gérard Neyrand. « Bien sûr, je ne peux pas prédire quelles seront mes envies dans vingt ans, s'agace Patrice. Mais je promets d'être le plus intègre possible envers moi-même et honnête avec ma compagne. Si je sens que mes attentes changent, je lui en ferai part et nous chercherons ensemble le chemin à prendre afin que chacun se sente entendu et respecté. C'est quand même vachement plus beau que de rester coincé dans un mariage par respect d'un contrat ! »

124. Eva Illouz, *Pourquoi l'amour fait mal : l'expérience amoureuse dans la modernité*, *op. cit.*
125. Gérard Neyrand, *L'Amour individualiste : comment le couple peut-il survivre ?*, *op. cit.*

Cependant, vous l'aurez compris : c'est, pour certains d'entre nous, ajouter un peu trop de surprises potentielles à la situation déjà incontrôlable de la rencontre amoureuse. Le jeu en vaut-il la chandelle ? Le danger n'est-il pas trop grand pour tenter l'aventure ?

Quel danger ? Celui de la liberté, de la si séduisante mais si insupportable liberté de l'autre. Une liberté dont nous nous accommodons tant bien que mal dans l'amitié mais que nous recherchons et redoutons dans l'amour. Pour le philosophe Francis Wolff en effet, tandis que l'amitié est, par définition, réciproque (nous ne pouvons pas être amis avec quelqu'un qui l'ignore), « l'amour est conceptuellement à sens unique[126] » (nous pouvons aimer quelqu'un qui ne nous aime pas ou qui en aime un autre). Le doute nous assaille alors : Sommes-nous aimés ? À la même hauteur que nous aimons ? Un peu plus, un peu moins ? Nous exigeons au moins l'égalité, mais pas n'importe comment : il faut que ce soit librement consenti. C'est le paradoxe de l'amour, explicité par Jean-Paul Sartre : « C'est de la liberté de l'autre en tant que telle que nous voulons nous emparer. [...] Celui qui veut être aimé ne désire pas l'asservissement de l'être aimé [...]. Il ne veut pas posséder un automatisme [...]. Il veut posséder une liberté comme liberté[127]. »

Sauf que, pour tenter de maîtriser l'angoisse de l'inconnu, nous sommes parfois tentés de chercher à contrôler l'autre, à tout connaître de son histoire, de ses activités, de ses aspirations cachées, de ses pensées les plus secrètes. C'est plus fort que nous : nous ne parvenons pas à le laisser exister librement. Nous cherchons à le posséder, à évacuer toute surprise, tout étonnement possible. Quitte à tuer l'amour. « Mon compagnon a eu une vie sexuelle tumultueuse avant de me rencontrer, raconte Charlotte. Au début, je lui posais des questions, je voulais savoir. Jusqu'à une grosse engueulade où il m'a dit stop. Il avait changé, il ne voulait plus que je le ramène à son

126. Francis Wolff, *Il n'y a pas d'amour parfait*, *op. cit.*
127. Jean-Paul Sartre, *L'Être et le Néant* (1943).

passé. J'ai compris que je nous faisais du mal à tous les deux: je l'empêchais d'être autrement aujourd'hui; je gâchais la beauté de notre relation. Bref, je nous mettais tous les deux la tête dans les ordures. J'ai arrêté. J'ai admis que c'était sa vie d'avant, que cela ne me regardait pas. Je suis beaucoup plus apaisée. Je me suis appuyée sur lui, tel que je le connais et tel qu'il est aujourd'hui. Et nous avons pu avancer dans notre histoire.»

## Angoisse de séparation *versus* angoisse d'envahissement

«Je me suis tant perdue dans l'autre...» Laure plisse les paupières, regarde à travers moi, au loin, au très loin de ses anciennes histoires d'amour. Son œil perçant se pose sur des souvenirs d'elle-même embrouillés, comme si les contours de son corps s'estompaient lentement, disparaissant dans le blanc. «C'est comme si, d'une relation amoureuse à une autre, je m'étais peu à peu égarée, éloignée de moi-même. Au point de ne plus savoir quel chemin prendre pour rentrer chez moi, ni même d'être sûre de disposer d'un véritable chez-moi délimité, d'une identité claire. Je me diluais dans l'autre, sa manière de vivre, de penser, d'aimer. Il appréciait le sport extrême, la fête, le bord de mer? Moi aussi. Végétarien, séjour à la montagne et solitude? Pourquoi pas! Je croyais m'adapter; je me suis dissoute.»

Certains d'entre nous ont en effet une incroyable capacité à se couler dans le désir de l'autre, à se faire caméléons pour convenir aux attentes explicites ou imaginées de leur partenaire. Comme Barbapapa: «Il peut prendre n'importe quelle forme. Il est très gentil et tout le monde l'aime bien. Grâce à quelques transformations et une brillante imagination, il vient à bout des situations les plus difficiles... et le tout en douceur! Il est toujours prêt à rendre service, sa bonne volonté est inépuisable[128]. » Sauf qu'à force, nous risquons de nous oublier tout court. C'est, pour Michael Vincent Miller, le danger inhérent au « mythe du nous » que nous martèle notre culture occidentale : « Nous apprenons que nous allons tomber amoureux un beau soir enchanteur [...]. C'est la pleine lune, les saules pleureurs balancent leurs branches le long de la berge où vient se promener le "nous". » Or, poursuit-il, « dans ce paradis, les ennuis surviennent quand les gens se cramponnent à ce beau rêve éphémère d'amour comme à un idéal ou à une idéologie [qui] décourage gentiment le désaccord, le conflit honnête, la capacité à se dire ouvertement non l'un à l'autre[129] ». Ou même à exister pleinement face à l'autre, avec nos failles, nos doutes, nos difficultés, nos impasses, nos ratés. Comme si nous ne pouvions être aimés que dans la perfection et l'harmonie, nos deux moitiés s'assemblant parfaitement.

Un idéal de fusion des âmes qui imprègne notre imaginaire amoureux depuis Platon, en 380 avant notre ère. En effet, selon le célèbre mythe des hommes doubles ou entiers rapporté par Aristophane dans *Le Banquet*[130], les hommes se répartissaient auparavant en trois genres (masculin, féminin et androgyne) et étaient doubles. Ils avaient deux sexes (masculin, féminin ou un de chaque genre), mais aussi deux visages, quatre mains et quatre jambes. Partis en guerre contre les dieux pour prendre leur place, ils furent coupés en deux par Zeus. Frappé d'incomplétude, chacun tenta dès lors de retrouver l'unité perdue en s'unissant à sa moitié. « Ce qu'on n'a pas, ce qu'on n'est pas, ce dont on manque, voilà les objets du désir et de l'amour », explique Socrate.

128. Description officielle de Barbapapa sur www.barbapapa.com
129. Michael Vincent Miller, *La Poétique de la gestalt-thérapie*, *op. cit.*
130. Platon, *Le Banquet*, IV, discours d'Aristophane.

**Delphine: « Comment j'aime si je ne suis pas dépendante ? »**

« La disponibilité de Marc, ses envies de projets avec moi, ses attentes amoureuses m'angoissent terriblement. Je le vis comme une intrusion, comme s'il entrait dans mon espace vital. C'est très nouveau car j'ai toujours été avec des hommes distants ou indisponibles. Cette représentation du masculin est d'ailleurs si ancrée en moi qu'au début je le dépréciais : « S'il est disponible, ce n'est pas un homme », « S'il est disponible pour moi qui ai si peu de valeur, c'est qu'il n'en a pas beaucoup non plus ». C'était extrêmement douloureux. Cela s'apaise doucement avec la stabilité de sa présence. Petit à petit, j'ai aussi appris à me différencier plus fermement, à m'affirmer sans craindre de le perdre, sans risquer l'abandon.
Je me questionne sur ma vision de l'amour. Comment j'aime si je ne suis pas dépendante, si je ne m'enflamme pas pour l'autre, si je ne fais pas tout en fonction de lui ? Est-ce quand même de l'amour ? Je me connecte à la peur du vide, de l'ennui. Et à ma responsabilité à être vivante. Ce n'est ni à l'amour ni à Marc de me procurer le bonheur, la joie de vivre. Plus de prince charmant sur son destrier blanc ! J'ai quarante-sept ans, il était temps ! »

Comme si l'amour ne pouvait être que de la dépendance, de la fusion. Une confusion que nous pouvons rattacher à nos premières années. Pour le nourrisson, en effet, amour et dépendance sont intrinsèquement liés puisqu'il ne peut survivre que par les soins prodigués par son entourage. Le chemin de croissance du bébé puis de l'enfant est cependant d'apprendre peu à peu à se séparer, tout en intériorisant le lien à l'autre, en s'assurant que l'amour perdure même dans l'absence (lorsque le parent sort de la chambre pour la nuit, le laisse à la crèche, etc.). Une certitude qui n'est jamais tout à fait gagnée, il est vrai, puisque, devenus adultes, nous devons régulièrement apaiser cette angoisse archaïque. « SMS, mails, petits coucous sur les réseaux sociaux… J'ai besoin de contacts réguliers, constate Pascal. Je ne supporte pas le silence. J'imagine tout de suite que l'autre m'a oublié, qu'il est déjà passé à autre chose, que je n'existe plus. »

Le processus de subjectivation nous fait nous cogner, au cours de notre développement[131], à deux grandes angoisses fondamentales : l'angoisse de séparation, d'isolement et de solitude existentielle, d'une part ; l'angoisse de dépendance, de fusion, de pertes de limites, d'être dévoré, asservi ou englouti, d'autre part. C'est aussi le tiraillement de notre vie d'adulte, nos concessions et nos collisions, entre deux besoins essentiels qui semblent opposés : le besoin d'attachement, d'appartenance, de protection, de chaleur humaine ; et le besoin de singularité, de liberté et d'autonomie. Nous devons apprendre à être en lien à un autre sans tenter « d'échapper à l'isolement en devenant une partie de cet autre », mais sans non plus « le réduire à un outil ni à une défense contre cet isolement[132] », affirme Irvin Yalom. C'est seulement en reconnaissant notre solitude existentielle que nous pouvons nous tourner vers les autres et nous engager pleinement dans le lien. « Si, en revanche, nous sommes submergés par la terreur devant cette solitude abyssale, nous ne rencontrons pas véritablement les autres mais nous nous accrochons à eux pour ne pas couler dans l'océan de l'existence[133]. »

131. Plus particulièrement au moment de l'adolescence où nous les revisitons de manière accrue pour tenter de les réconcilier et de les intégrer à notre manière.
132. Irvin Yalom, *Thérapie existentielle*, *op. cit.*
133. *Ibid.*

### EXERCICE

**Imprimez la présence de l'autre en vous**

Profitez d'être avec quelqu'un que vous aimez bien pour imprimer en vous ce que vous vivez d'agréable en sa présence.
Alors que vous discutez avec lui, vous pouvez par exemple visualiser une lumière dorée qui vient se poser sur votre cœur. Ou sentir comme vous vous imprégnez de son parfum, comme cette odeur réconfortante vous pénètre peu à peu. Ou imaginer que ce bon moment dessine un tatouage, se dépose comme des grains de sable ou des pétales de fleurs sur votre peau : ils peuvent être tout petits, discrets, visibles par vous seulement ; ou prendre toute la place à l'intérieur de votre buste, tout l'espace de votre corps. Choisissez l'image qui vous parle le plus et insistez un peu, en pensée. Faites-le plusieurs fois pendant l'échange, car c'est dans la répétition que, peu à peu, se fera l'empreinte.
N'hésitez pas à poser votre main à l'endroit où toutes ces bonnes choses pourraient être stockées : sur votre cœur, votre ventre, l'intérieur de votre poignet... C'est une manière de les ancrer afin de pouvoir vous y reconnecter de temps en temps, lorsque vous en sentirez le besoin.

Si toute rencontre véritable est surprise, cette dernière peut néanmoins être vécue comme une effraction. Elle « n'est pas sans rapport avec les limites du sujet qui se trouve "pénétré" par surprise dans son intimité, installant l'autre, le non-soi, dans la place[134] », avance Daniel Marcelli. Pour le pédopsychiatre, les jeux de surprise et de tromperie (« petites bêtes qui montent », « à dada sur mon bidet », « coucou qui voilà », etc.) auxquels les parents s'amusent avec leur bébé ont d'ailleurs un rôle essentiel dans l'apprentissage relationnel. D'abord parce qu'en faisant alterner subtilement répétition et

134. Daniel Marcelli, *La Surprise, chatouille de l'âme*, *op. cit.*

changement (éclat de voix, bascule de l'enfant entre les genoux, chatouilles…), ils créent un mélange d'envie et de crainte. « Excité par l'attente, inquiet de se "faire avoir", le bébé traverse une phase d'ambivalence où l'incertitude l'envahit. Il apprend ainsi qu'on ne peut pénétrer le domaine des relations humaines que si l'incertitude est supportable et tolérable : sans cette tolérance, nul échange humain possible[135] », écrit-il. Mais aussi parce que, tout en révélant l'emprise du parent sur l'enfant, ces jeux permettent la subjectivation : « Surpris par sa mère, le bébé peut prendre conscience qu'il n'est pas elle. » Il découvre un paradoxe de la relation humaine : c'est alors que le sentiment d'unité entre soi et l'autre est particulièrement intense qu'advient l'expérience de la différence.

La rencontre amoureuse, parce qu'elle nous ramène sur les rivages escarpés de notre développement, parce qu'elle nous confronte à nouveau au terrible dilemme entre autonomie et appartenance, différenciation et fusion, peut nous placer face au gouffre de l'angoisse. L'investissement dans le lien amoureux est tissé d'indispensable et d'insupportable, entremêlés, serrés, si serrés que nous peinons à respirer. Si serrés que nous croyons ne jamais réussir à défaire le nœud. Si serrés que nous préférons parfois, face au vertige de la rencontre, la fuir, la gâcher ou la saboter.

135. *Ibid.*

## EXERCICE

### Observez comment vous vous placez dans un groupe

Les situations de groupe sont assez révélatrices du tiraillement entre nos envies d'appartenance et de séparation. Voici un schéma[136] dans lequel vous pouvez essayer de vous placer. Les axes représentent nos attirances contradictoires : d'un côté, l'axe « Prendre un risque » ou « Rechercher la sécurité » qui peuvent correspondre à notre souhait de rester ou pas dans notre zone de confort ; de l'autre, « Être à part » ou « Faire partie » qui parlent de notre besoin de distinction ou de fusion. Reproduisez ces axes sur une feuille de papier et notez-y les situations de groupe que vous vivez : fête d'anniversaire, séminaire d'entreprise, réunion de parents d'élèves...

Reconnaissez-vous ces tensions ? Êtes-vous toujours dans un même coin du schéma ou cela dépend-il du contexte, s'assouplit, prend des couleurs spécifiques ? Est-ce par exemple différent avec des amis (vous êtes d'accord avec tout le monde, vous êtes en bas à droite), en réunion professionnelle (vous en prenez la direction sans écouter vos collaborateurs, vous êtes en haut à gauche), dans votre équipe sportive (vous motivez tout le monde, vous êtes en haut à droite), dans votre famille d'origine (vous restez dans votre coin, vous êtes en bas à gauche) ?

Pouvez-vous identifier ce qui vous maintient à telle ou telle place, selon les situations ? Et ce qui vous aiderait à faire éventuellement un peu autrement ? Des réunions moins longues dans lesquelles tout le monde peut intervenir ? La bienveillance d'un proche pour oser vous manifester un peu plus en famille ?

136. Je m'inspire ici d'une recherche menée par Joëlle Gartner, « Prise de risque ou recherche de sécurité ? Dilemmes dans la vie d'un groupe de formation en gestalt-thérapie en Irlande du Nord », *in Au cœur des groupes*, L'Exprimerie, coll. « Cahiers de gestalt-thérapie », 2013.

**Prendre un risque**

| **Être à part** | **Faire partie** |
|---|---|
| En soirée, vous dansez sur le bar, à la vue de tous<br><br>En réunion (travail, famille…), vous monopolisez la parole et exprimez votre désaccord sans discuter<br><br>Au restaurant, vous choisissez le menu pour tout le monde<br><br>Tout seul au cinéma, vous vous installez au milieu de la rangée mais réservez les places mitoyennes avec vos affaires pour ne pas avoir de voisin | Au travail, vous prenez la place de *leader* dans une réunion en distribuant la parole et synthétisant les points de vue<br><br>Au restaurant, vous tentez de mettre la tablée d'accord sur le choix de la boisson<br><br>Au sport, vous motivez vos équipiers, vous soutenez les plus faibles<br><br>En famille, vous cherchez à dialoguer, à trouver un accord qui convienne à tous |
| Vous préférez déjeuner tout seul au bureau plutôt que vous joindre au repas d'équipe avec vos collègues<br><br>Dans une réunion de travail ou un dîner d'amis, vous parlez peu et observez beaucoup<br><br>En soirée, vous vous mettez dans un coin (voire dans un coin de la « contre-soirée », dans la cuisine), espérant ne pas vous faire remarquer<br><br>Tout seul au cinéma, vous choisissez une place isolée, au bord | Dans un lieu public fréquenté, vous vous fondez dans la foule en faisant comme tout le monde<br><br>Vous évitez les conflits dans les discussions (travail, famille, amis…) et vous vous rangez à l'avis le plus partagé<br><br>Vous êtes expert en *small talk* (discuter pour ne rien dire) ou dans l'art de faire parler votre interlocuteur sans rien dévoiler de vous-même<br><br>Tout seul au restaurant, vous vous installez dans un coin animé, près d'une grande tablée |

**Rechercher la sécurité**

# La crainte d'être submergés par nos émotions

L'émotion est un mouvement libre et spontané. Elle fait surprise, irruption. Elle survient malgré nous. Inopinée, inattendue. « Elle nous emporte là où nous ne sommes plus maîtres[137]. » L'étymologie du mot, *ex-movere*, issu du latin, signifie d'ailleurs « mouvoir hors de soi, vers le monde extérieur, mettre hors de soi, propulser », rappelle la psychiatre et gestalt-thérapeute Brigitte Lapeyronnie-Robine, qui souligne l'importance fondamentale de l'idée de mouvement[138]. C'est tout le contraire de la progressivité, de la lenteur, du contrôle. À l'inverse des ressentis, les émotions sont difficilement localisables. Quand nous nous cognons, nous savons où nous avons mal. Mais où situer la joie ? Dans notre cœur qui bat plus vite, nos pieds qui sautillent, notre envie de chanter ? « Mobilisation corporelle de tous les sens[139] », l'émotion est difficile à cerner et ne cesse de nous échapper. Elle nous remue, nous agite, nous embarque, nous soulève, nous chavire. Elle surgit de nos profondeurs et nous fait perdre pied, quitter les rivages familiers de notre être, nous bouleverse et nous transforme. En quoi ? C'est là toute notre crainte : nous ne le savons jamais vraiment. Si bien que nous pouvons avoir l'impression de nous exhiber aux yeux des autres, de nous exposer dans notre vérité nue, de dévoiler malgré nous notre plus grande intimité. Et nous imaginons parfois le pire, persuadés que nous nous révélons monstrueux, hideux ou ridicules. Pris par la honte, nous craignons d'être moqués, jugés, rejetés. « J'ai l'air idiot quand je ris. Et quand je pleure, mon visage se tord, je suis laid », assure Jean, qui s'est entraîné à avoir un visage impassible. Détaché du monde, il ne sait plus trop

137. Catherine Deshays, *Trouver la bonne distance avec l'autre grâce au curseur relationnel*, InterÉditions, 2010.
138. Brigitte Lapeyronnie-Robine, « Pour une délocalisation des émotions », *op. cit.*
139. *Ibid.*

ce que c'est d'être affecté, touché, ému par l'autre. La rencontre affective est un pays étranger dont il ne parle plus la langue.

Car l'émotion n'est pas un cri dans le désert. Ce n'est pas une turbulence solitaire, insulaire, appartenant uniquement à l'individu qui l'éprouve. C'est une demande adressée[140]. Supplication d'être soutenus dans notre détresse, accompagnés dans notre joie, protégés quand nous avons peur. Parfois accusation, exhortation, certaines émotions revendiquent, incriminent, inculpent. Mais, qu'elles soient un appel vers l'autre ou contre lui, il y a toujours de l'autre. Il y a donc une demande implicite : celle d'être reconnus, entendus, vus tels que que nous sommes avec ce qui nous émeut. D'être accueillis. Légitimés. D'avoir le droit d'exister avec notre sensibilité, notre vulnérabilité, notre complexité, nos inaptitudes, nos difficultés, nos failles, nos doutes… Un risque que nous préférons parfois ne pas courir. Quitte à nous couper de nos émotions. Quitte à nous priver de ce qui fait la saveur de la relation.

## EXERCICE

### Décrivez vos émotions comme des images

Quand vous sentez la joie monter, la colère poindre, la tristesse montrer le bout de son nez, prenez le temps d'observer comment vous sentez ce mouvement émotionnel. Est-ce une chaleur qui naît dans votre ventre, qui monte vers votre visage ? Une envie de rire, de redresser les épaules ? L'impression que quelque chose bouillonne, explose à l'intérieur, se déchire ? Laissez venir les images qui illustrent le mieux votre ressenti : la fraîcheur d'une cascade, la pression d'une cocotte-minute, la mélodie entraînante d'une valse... Essayez de préciser la métaphore avec un son, une odeur, une couleur, un rythme, une texture. Est-ce chaud, froid,

140. *Ibid.*

rapide, lointain, tout petit ? La cascade devient une rivière tranquille puis débouche sur un lac paisible ? La cocotte-minute explose, faisant jaillir des confettis colorés ? Laissez libre cours à votre imagination, cela peut être absurde, sans queue ni tête, qu'importe !
Vous pouvez continuer à donner une forme créative à vos émotions en les dessinant avec des feutres colorés, en faisant un collage à partir d'images découpées dans de vieux magazines ou une sculpture d'éléments trouvés dans la nature (pétales de fleurs ou chardons bien piquants ?).

Pour certains d'entre nous, il est terrifiant de ne pas pouvoir contenir l'émotion, qu'elle dépasse nos capacités de tolérance. Qu'elle ne s'arrête jamais ou qu'elle nous emporte, comme un tsunami, sur les rivages de la folie. Une crainte d'autant plus forte dans la rencontre amoureuse qu'elle ne se résume pas à une seule émotion ou à un seul sentiment, mais en amplifie plusieurs (la joie, la peur, la colère, la jalousie, la tendresse…), parfois contradictoires. D'où la nécessité d'être sur le qui-vive, en hypercontrôle. Car tout cela fait surprise et donne la sensation de nous envahir. C'en est parfois trop à supporter, trop à affronter.

« Je suis submergée, noyée. Il faut que je ferme les yeux, que je bloque ma gorge et que je me centre sur ma respiration pour me calmer », confie Amina. C'est seulement après cette manœuvre, dans la sérénité regagnée, qu'elle peut me regarder à nouveau et continuer l'échange thérapeutique, avec un grand sourire qui me fait me sentir à distance. Une impression d'éloignement qui la rassure : « Tant mieux. Chacune à sa place. » Les barrières sont mises. Le monde est en ordre, sécurisé et sécurisant. Parce que les expériences émotionnelles se donnent à nous de manière indéterminée, indifférenciée, qu'elles surgissent entre nous et l'autre sans trop savoir d'où elles viennent et à qui elles appartiennent, elles peuvent aussi nous exposer à une proximité parfois menaçante. À la crainte d'être envahis par l'autre, engloutis par ses émotions. Ou, au contraire, à la honte de nous dévoiler ainsi, de le contaminer avec nos émotions, de ne pas parvenir à le protéger de ce que nous pensons être des débordements inopportuns. Rien de plus rassurant, alors, que de les attribuer clairement (à soi : « je suis triste » ; ou à l'autre : « ah, tu vois, t'es en colère ! »), de les nommer et de les faire entrer dans leur petite boîte au couvercle hermétique, comme si elles ne disaient rien de la relation. Fermée avec du plomb. Sellée comme un cercueil. « C'est ta faute, tu es trop sensible. » « Rien à voir avec vous, je dois apprendre à gérer mes émotions. » Point final.

### EXERCICE

**Observez la façon dont vous contenez vos émotions**

Là encore, quand vous sentez la joie monter, la colère poindre, la tristesse montrer le bout de son nez, essayez-vous de les contenir ? Comment faites-vous ? Contractez-vous le ventre ? Serrez-vous la gorge, les poings, les paupières ? Tapez-vous des pieds sur le sol, agitez-vous les genoux ? Est-ce pour comprimer votre émotion, l'empêcher de sortir ? Pour vous occuper ailleurs, décharger votre énergie, distraire votre interlocuteur ?

Il nous est parfois trop difficile de maîtriser à la fois la surprise venant de l'autre, de l'extérieur, et celle qui émerge de notre propre corps. Impossible, et trop fatigant. « Je me sens vulnérable, faible, manipulable », m'explique en effet Amina, quand nous revenons sur son expérience. D'où la nécessité de reprendre le contrôle, de bander ses muscles et de se rendre inaccessible. Sinon ? « Je suffoque, je veux fuir, c'est insupportable », dit-elle en repoussant l'espace entre nous de ses deux mains. L'engloutissement menace. En se redressant, elle me parle à nouveau de ses rendez-vous galants, de son besoin de rester à bonne distance de l'autre. Me vient l'image d'une pharaonne sur son trône, altière. « Oui, je m'y vois bien », s'amuse-t-elle, en accentuant un peu le port de tête. En face, je me sens maintenant toute petite, en dessous d'elle. J'ai plus de mal à discerner les traits de son visage. Je me sens impuissante à l'atteindre. Les larmes lui montent aux yeux, accompagnées d'une sensation de vide au niveau du cœur, qu'elle vit comme une grande solitude. Je suis touchée par son si grand désir d'intimité et la terreur qu'elle ressent à l'idée d'entrouvrir la porte à l'autre. Elle fait le lien avec un homme qui, au bout de quelques semaines de relation, l'a quittée en lui disant qu'il ne parvenait pas à la connaître, à la comprendre. Nous passons plusieurs séances à chercher comment nous pouvons nous placer l'une par rapport à l'autre : pas trop proche, c'est trop d'envahissement pour elle ; ni trop loin, c'est trop d'isolement. Jusqu'au jour où elle propose que nous nous asseyions en biais : ni tout à fait en face, ni complètement à côté. Elle ne se sent plus piégée par mon regard. Elle prend une grande inspiration, avant de relâcher ses épaules, sa nuque, d'appuyer son dos contre le dossier. Oui, comme ça, elle peut se poser et se reposer. Arrêter de s'épuiser à contrôler ses émotions, sans craindre que je profite d'elle. S'ouvrant même à la possibilité que nous puissions partager un moment d'intimité et que ce ne soit, peut-être, pas si désagréable.

# Premiers petits pas vers l'imprévisible

## Quitter les répétitions, nous entrouvrir aux nouveautés

« À chaque nouvelle histoire, je crois que ça va être différent. Mais non, c'est toujours pareil, annonce Camille, fataliste. Je rencontre un homme, je tombe amoureuse, je comprends qu'il n'est pas disponible, je m'accroche, mais je souffre atrocement et je finis par me faire plaquer. À chaque fois, j'y perds un peu plus de plumes, je retombe un peu plus bas, toujours plus bas. » Son mouvement de main, comme une roue qui tourne dans le vide, et le ton de sa voix, grave, résigné, donnent corps à son insupportable sentiment d'inéluctable. « Je ne m'en sors pas. » Les sanglots l'étranglent. Emportée par un spasme, elle se plie en deux, les doigts enfoncés dans le flanc, au bord du vide. Elle tente de s'accrocher à quelque chose, de ne pas sombrer totalement.

« Pourquoi est-ce toujours pareil ? Pourquoi en suis-je toujours là, après des années de thérapie ? » se désespère-t-elle, le visage baigné de larmes. Sa tristesse et son désarroi sont immenses. L'angoisse est là, palpable, comme un gouffre sans fond qui nous regarde et qui ricane.

Cette impression de répétition dans les relations amoureuses et l'impuissance qui l'accompagne reviennent souvent dans les cabinets de psychothérapie. Avec l'idée qu'elles trouveraient leur source dans nos interactions précoces avec nos parents et que le modèle développé alors pourrait nous marquer au fer rouge. Inévitable, implacable, la répétition est vécue comme insurmontable. Impossible d'y échapper puisque c'est notre destinée, forgée dans le tréfonds de notre enfance, tréfonds d'autant plus menaçant qu'il est nimbé d'oublis (un peu, beaucoup, entièrement).

Bien sûr, nous pouvons avoir le sentiment désespérant d'être englués dans des fonctionnements bien connus, de revivre des situations déjà vues. Bien sûr, il peut y avoir du semblable. Bien sûr encore, nous sommes modelés par notre enfance, par les attachements précoces, plus ou moins (dys)fonctionnels, sécurisants, nourrissants ou traumatisants. Tout cela nous habite encore, nous hante parfois, nous empêche éventuellement. L'enfance est parfois un boulet que nous traînons au pied comme des fantômes.

Mais il y a aussi toujours de la nouveauté. Une petite variation, un changement de manière de faire ou de ressentir, une atmosphère ou une émotion différente, une modification à peine perceptible, une transformation à bas bruit. Quelque chose a changé, forcément, nécessairement. Tout simplement parce qu'il est impossible de répéter scrupuleusement à l'identique. Regarder cette toute petite nouveauté, quand bien même elle nous paraît minuscule, anecdotique, c'est déjà nous désengluer d'un présupposé de répétition qui nous enferme. C'est aussi, d'une certaine façon, arrêter de vivre dans le passé et vivre davantage dans l'inattendu d'aujourd'hui.

Répéter, c'est faire toujours la même chose, c'est tourner en rond dans un présent rabâché, identique au passé comme à l'avenir. C'est tout ramener à du déjà-vu, déjà prévu. C'est peut-être confortable, car meublé de certitudes familières et rassurantes. C'est soulageant car, ce faisant, nous trouvons un sens à notre histoire et nous nous évitons la confrontation à la question inconfortable de notre responsabilité (voir « Retrouver notre responsabilité à exister », p. 127). Mais cela peut nous confronter à une dévalorisation de nous-mêmes, à un sentiment de honte, d'échec.

Qu'y avait-il de différent dans le « toujours pareil » amené par Camille ? Il lui fallut réfléchir un moment, l'œil interrogateur, sceptique. Puis, après une grande inspiration : « L'indisponibilité de ces hommes n'était pas la même. L'un était marié et déterminé à ne pas quitter le nid conjugal. L'autre père de famille, en garde partagée, présent la semaine sans les enfants, injoignable le reste du temps. Mon dernier partenaire, enfin, était libre affectivement mais très investi dans son travail qu'il adorait. Et puis les deux derniers m'avaient prévenue quand on s'est rencontrés », ajoute-t-elle en se redressant.

L'exacte répétition est impossible. Il y a toujours de la nouveauté, même si elle est parfois difficile à distinguer, à extirper. « Cette petite nouveauté, ajoute Jacques Blaize, n'est pas forcément un bouleversement, ni une révolution, ni une découverte qui va changer la vie, mais elle permet de passer d'une présence orientée vers le passé à une présence orientée vers l'à venir[141]. » Un décentrement qui permet un remaniement de l'image ou de l'hypothèse que nous nous faisons de nous-mêmes. C'est ce qui permet à Camille de se dire qu'elle n'est peut-être plus la même qu'il y a dix ans. Qu'il y a donc du mouvement possible. C'est, pas à pas, l'ouverture vers un avenir différent du passé. C'est, peu à peu, la possibilité de l'incertitude, du non-déterminé et de l'imprévu qui pourrait advenir.

141. Jacques Blaize, *Incertitudes et évidences de la gestalt-thérapie*, *op. cit.*

### EXERCICE

**Soyez curieux de vous-même**

Nous avons souvent une idée bien précise de qui nous pensons être. Timide, maladroit, bavard... Mais est-ce vraiment ce que nous sommes aujourd'hui ? Ne sommes-nous que cela, tout le temps ? Prenez un moment pour écrire sur une feuille toutes les caractéristiques qui vous semblent vous définir. « Je suis hyperactif », « susceptible », « rigolo », « peureux », etc. Qui dit cela de vous ? Est-ce votre propre appréciation ? Par rapport à qui, quel modèle, quel idéal ? Ces qualificatifs vous correspondent-ils toujours ?

Exister, c'est changer. Nous sommes en perpétuelle évolution. En étant curieux de nous-mêmes, nous pouvons ainsi comprendre que, selon les contextes, nous ne sommes plus l'enfant introverti de nos huit ans, ni le grincheux déprimé d'il y a six mois. Que si nous sommes susceptibles avec notre ex, ce n'est pas le cas avec tout le monde. Nous ne sommes pas condamnés à rester enfermés derrière les barreaux d'une identité figée. Ni à subir les étiquettes que nous colle notre entourage.

Vous aussi, vous respirez mieux ? Vous sentez la libération qui vient ? L'excellente nouvelle, c'est que nous pourrons toujours nous surprendre. Puisque nous ne nous connaissons jamais entièrement, nous abritons toujours une part d'inconnu, de surprise, de créativité et de changement possible.

# Retrouver notre responsabilité à exister

Nous sommes tous situés dans le monde. Modelés par le contexte culturel, économique, social dans lequel nous naissons, par la génétique comme par l'histoire de notre pays, région, famille, par la relation avec nos plus proches dans l'enfance et ensuite. Nous devons aussi tous faire face à ce que Jean-Paul Sartre nommait le « coefficient d'adversité », c'est-à-dire les contraintes du réel. Au regard de la rencontre amoureuse, c'est, par exemple, de vivre dans une grande ville où les liens sociaux sont rares et superficiels, ou au contraire dans un village où tout le monde se connaît trop bien. De nous trouver plus ou moins attirants, drôles, séduisants. Pour autant, nous n'avons pas tous la même attitude face à l'adversité. Certains plongent dans l'amertume, la colère, la déprime, l'impuissance. Tandis que d'autres forcent notre admiration en contournant ces contraintes, en « faisant avec », voire en les convertissant en avantages. Certains d'entre nous vivent ainsi l'anonymat de la grande ville comme une condamnation, d'autres comme une ouverture des opportunités. Il ne s'agit pas de chercher, à tout prix, à tout positiver au risque de nier les circonstances qui nous limitent, mais de nous interroger sur l'importance que nous leur donnons, la manière dont elles nous empêchent et s'il est possible de les regarder, éventuellement, autrement. De prendre en compte que nous sommes aussi responsables de ce que nous faisons de ces contraintes originelles ou contextuelles. C'est, contre le déterminisme, la fameuse phrase de Sartre qui nous renvoie à notre responsabilité : « L'important n'est pas ce qu'on fait de nous mais ce que nous faisons nous-mêmes de ce qu'on a fait de nous[142]. »

142. Jean-Paul Sartre, *Saint Genet, comédien et martyr*, Gallimard, 1952.

## EXERCICE

**Que voulaient-ils pour vous ?**

Notez sur une feuille le nom des personnes importantes de votre vie (membres de votre famille, professeurs, amis…). À côté de chaque nom, écrivez ce que cette personne voulait que vous soyez ou que vous fassiez de votre existence. Par exemple : « Mon premier amour voulait que… », « Mon maître de stage voulait que… ». Cette liste établie, prenez le temps de vous demander, pour chaque proposition : avez-vous envie de vous l'approprier, de la modifier, de la rejeter, de mettre en pause, de la remplacer par une autre plus ajustée aujourd'hui ?

En psychothérapie comme en philosophie, la responsabilité est un vaste et passionnant sujet, que je ne fais ici qu'effleurer. Un enjeu existentiel, qui nous confronte à notre liberté, celle dont on se saisit ou à laquelle on renonce. Un enjeu existentiel qui en amène deux autres, tout aussi essentiels : notre solitude et notre finitude fondamentales. L'une et l'autre sont intimement intriquées, dans la mesure où, même dans le couple le plus fusionnel, même entourés d'amis précieux, personne ne peut mourir avec nous, ni à notre place. Nous sommes donc profondément seuls. Responsabilité, solitude et finitude sont des questions dont nous ne pouvons pas nous débarrasser. Exister, c'est « donner signification, forme à ce moment particulier de mon existence, moment qui reconduit ma mort comme à venir[143] », explique la psychologue clinicienne, gestalt-thérapeute et philosophe Édith Blanquet. En étant mortels, nous sommes temporalisés, toujours situés quelque part entre notre naissance et notre mort et nous avons la responsabilité de décider

143. Édith Blanquet, « Du sentir à la forme signifiante : une esthétique de l'entrée en présence », *in* Jean-Marie Robine (dir.), *La Psychothérapie comme esthétique*, L'Exprimerie, 2006.

la forme que prend ce moment de notre vie. Comment ? En l'existant pleinement.

Dans la rencontre amoureuse, cela nous permet de nous interroger sur ce que nous attendons de l'autre. Cherchons-nous quelqu'un qui nous comble, qui nous dise quoi faire, qui nous donne une consistance que nous ne parvenons pas à trouver par nous-mêmes ? Un pygmalion qui nous crée, nous façonne, nous protège, qui prenne les rênes de notre vie ? Ou quelqu'un qui soit à nos côtés, un(e) partenaire qui nous soutienne sans nous décharger de notre responsabilité à exister ? Cela pose, de surcroit, la question de nos empêchements à ne pas nous saisir aujourd'hui de notre vie. Sommes-nous empêtrés dans des loyautés familiales, embarrassés par des peurs, par une fidélité à un ancien amour, à l'image que nous nous faisons de ce que devrait être une femme, un homme, une rencontre amoureuse ? Quels bénéfices trouvons-nous à rester sous le joug de ces entraves ?
« J'ai toujours imaginé la rencontre comme cette scène du film *Dirty Dancing*, raconte Marion : je suis assise dans l'ombre, pauvre petite chose introvertie, quand l'homme tant attendu me tend la main en disant à la cantonade "on laisse pas bébé dans un coin". Du coup, dès qu'un homme me promettait de m'arracher à ma destinée de fille banale, mon cœur s'emballait. Cela m'a permis de me déculpabiliser de quitter mes parents, sinon je n'aurais jamais osé partir. Cela m'a évité de me poser la question de ce que je désirais faire de mon existence, quels étaient mes projets à moi. Cela m'a valu de tomber sur quelques manipulateurs autoritaires… »

## EXERCICE

**Mettez à jour les stéréotypes qui vous enferment**

Nous sommes tous pétris de préjugés, d'idées toutes faites sur ce que devraient être une femme, un homme, un couple; de petites phrases que nous avons entendues, avalées tout cru, sans nous demander si elles nous convenaient, ou si, au contraire, nous ne nous y reconnaissions pas, les trouvions néfastes, enfermantes.

Prenez une feuille de papier et écrivez tout ce qui vous passe par la tête, sans trop réfléchir, des croyances qui vous habitent sur ces trois points:

**1. Les femmes/filles:** «une petite fille ne doit pas grimper aux arbres», «une femme avec des talons, elle couche avec tout le monde», «une femme libre doit être indépendante financièrement»...

**2. Les hommes/garçons:** «un petit garçon ne doit pas pleurer» «les vrais mecs parlent fort», «un homme qui se respecte évite les bagarres» ...

**3. Le couple/la vie à deux:** «en amour, il faut tout se dire», «le sexe est le ciment du couple», «au bout d'un an, on s'ennuie inévitablement»...

Une fois cette liste établie, demandez-vous d'où vous viennent ces phrases. Les avez-vous entendues dans votre famille, votre cercle d'amis, par un ex, dans les medias? Est-ce un préjugé culturel? Vous semblent-elles justes aujourd'hui? Avez-vous envie de vous en approprier certaines, d'en rejeter d'autres? Faites votre tri, choisissez celles qui ont du sens pour vous aujourd'hui.

«La responsabilité est une épée à double tranchant: si nous acceptons la responsabilité de notre situation de vie et prenons la décision de changer, il en découle alors, d'une part, que nous seuls sommes responsables du gâchis passé de notre vie et, d'autre part, que nous *aurions* pu changer bien avant[144] », précise Irvin Yalom. Nous voici alors exposés à la culpabilité existentielle, au fait de nous sentir coupables de la vie que nous avons choisi de ne pas saisir, de ne pas embrasser. Être responsables de notre vie, c'est en effet accepter la charge de nos actions précédentes comme de nos incapacités à agir ; de nos choix ou de nos renoncements à choisir. De notre passé, de notre présent et de notre avenir. Ou, du moins, assumer la responsabilité à procrastiner et à ne pas nous poser toutes ces questions potentiellement angoissantes ! « Je m'en suis beaucoup voulu, par exemple, de ne pas avoir eu le courage de quitter le nid familial pour aller faire cette école d'infirmière à deux cents kilomètres de chez moi. J'ai raté une carrière qui m'aurait plu », reconnaît Camille.

## EXERCICE

**Dites « je »**

« Quand on est seul, c'est difficile d'aller vers les autres. On a du mal à entamer la conversation, à ne pas être regardé bizarrement », explique Paul. « Passé un certain âge, on ne se trouve plus désirable », ajoute Christine. Qui est ce « on » ? Est-ce une manière pudique qu'ont Paul et Christine de parler d'eux-mêmes ? De témoigner d'expériences partagées par des amis ? De choses vues à la télévision ? Est-ce la désignation du regard de l'autre, ce qu'ils supposent, projettent ? Ce qu'ils imaginent qu'il faudrait ressentir pour être « normal », comme tout le monde ? Et si, à la place de « on », nous disions « je » ? Si nous prenions la responsabilité de notre parole, de nos projections, de notre compréhension du monde ?

Soyez attentif à votre manière de dire les choses. Essayez de repérer les moments où vous dites « on », « les gens », « dans la

144. Irvin Yalom, *Thérapie existentielle, op. cit.*

vie», et autres formules généralistes. Faites l'effort de les remplacer par «je», «moi», «il me semble que», «dans telle situation, je me sens...». Est-ce que cela change quelque chose? Est-ce bien de vous que vous parlez? Ou est-ce une phrase que, finalement, vous n'avez pas envie de vous approprier?
C'est une gymnastique à pratiquer le plus souvent possible. Ce n'est pas toujours évident car c'est un tic de langage très courant et souvent bien ancré. Ce n'est pas facile non plus car dire «je», c'est assumer de nous recentrer sur notre propre vécu de la situation, donc apprendre à nous orienter dans le monde, à choisir, à exister. Cela peut même être angoissant de nous positionner, d'apparaître, d'oser incarner pleinement notre parole.

Pour autant, le changement profond ne relève pas d'une décision volontariste. Il n'est pas affaire d'exhortations, d'appels à la détermination, à l'effort, au courage, à la fermeté. Il ne se plie pas aux trucs et astuces, aux programmes de transformation en dix leçons et autres recettes miracles pour «trouver l'amour avant l'été». En psychothérapie comme dans la vie, il ne suffit pas d'avoir envie de changer ou de s'y engager («juré craché!») pour que cela fonctionne. Processus naturel de croissance, il se fait à bas bruit, en souterrain, à l'abri des regards et des résolutions tonitruantes. Selon la théorie paradoxale du changement élaborée par le psychiatre et gestalt-thérapeute Arnold Beisser, il apparaît même «lorsqu'un sujet devient ce qu'il est, non lorsqu'il essaie de devenir ce qu'il n'est pas[145].» C'est en effet en prenant toute la responsabilité de nous-mêmes, en regardant comment nous nions ou cloisonnons certaines facettes de notre personnalité, comment nous portons ce qui ne nous appartient pas ou ne nous convient plus, que le changement devient possible. En observant qui nous sommes aujourd'hui, comment nous éprouvons le monde, comment nous entrons en contact avec l'autre, comment

145. Arnold R. Beisser, *La Théorie paradoxale du changement*, L'Exprimerie, 1999.

nous assimilons (ou peu, ou pas) la nouveauté qui se présente à nous. Comment ne rencontrons-nous pas ? Comment évitons-nous le contact, la nouveauté, comment rabattons-nous l'événement sur du « déjà vu, déjà prévu » ? Comment le colorons-nous de l'échec passé ou à venir ? Des interrogations sur lesquelles nous pouvons nous pencher sans jugement, sans accusation mais, au contraire, avec curiosité et tendresse pour cette organisation mise en place depuis si longtemps. Une manière de faire peut être désajustée aujourd'hui, souffrante, fixée, mais qui a sans doute constitué une planche de salut créative, une issue de secours, à un moment de notre vie. « J'ai toujours été collé à ma sœur. Nous étions deux enfants adoptés dans un petit village où il n'y avait pas beaucoup d'étrangers. Nous avons été assez malmenés par le racisme. Notre manière de nous en tirer a été de faire bloc ensemble. Aujourd'hui encore, j'ai du mal à aller seul vers les autres. J'ai l'impression de ne pas suffire, d'être trop vulnérable, exposé aux possibles moqueries, au rejet. Je suis très inhibé, ce n'est pas facile pour moi d'aborder une femme », raconte Paul.

Restaurer notre responsabilité, c'est aussi apprendre à être au plus près de nos ressentis, nous réapproprier nos émotions. Ce faisant, nous reprenons la main sur notre boussole intérieure, ce qui nous permet de nous orienter dans l'environnement, de choisir et d'agir. C'est retrouver notre intégrité, notre entièreté, au lieu de rester coupés d'une partie de nous-mêmes, d'étouffer nos sentiments, d'accepter les « je dois » comme nos propres désirs et de nous méfier de notre jugement[146]. C'est nous demander qui nous sommes, quelle image nous avons de nous-mêmes et d'où elle vient (de notre famille, de nos expériences précédentes, de ce que nous imaginons que les autres voient de nous, d'un stéréotype de genre…) ? C'est enfin recontacter nos envies, c'est-à-dire la forme que nous voulons donner à l'avenir.

146. Irvin Yalom, *Thérapie existentielle*, *op. cit.*

**Alexis : « Pour la première fois de ma vie, je pouvais dire "je" »**

« Lorsque j'ai rencontré Céline, j'avais fini de digérer l'amertume d'une rupture douloureuse, fait le tri dans une histoire familiale sombre et pesante, arrêté de surinvestir mes amitiés… J'avais compris d'où venait mon impression de ne pas être suffisamment bien pour être aimé. Et, pour la première fois de ma vie, je pouvais dire "je". Cela peut sembler abstrait. C'était pourtant très concret. Je le sentais dans mon corps, dans ma manière de marcher, d'évoluer dans l'espace public, d'exister dans le monde sans avoir l'impression d'être dissonant. Comme si je n'avais plus à lutter contre le vent ou à me concentrer sur chacun de mes pas pour ne pas tomber. »

Ce n'est pas simple ! Car nous avons appris, souvent pendant de longues années, à nous organiser autrement, à éviter cette contrainte existentielle. Par exemple en projetant que ce sont les autres (notre famille, notre ex-partenaire, la société…) qui ont décidé pour nous. Ou alors en introjectant, c'est-à-dire en prenant à notre charge ce que les autres attendaient (ou ce que nous supposions qu'ils désiraient de nous) : être le célibataire de la famille pour s'occuper des vieux parents, ne pas être une fille facile qui s'intéresse au sexe, travailler plutôt que batifoler… Ou encore en inhibant nos propres désirs, en les annulant, en ne les assumant pas, voire en nous disant qu'il est préférable de ne pas désirer. En n'assumant pas notre envie d'aller vers l'autre, en nous interdisant toute action, en restant chez nous à nous morfondre alors que nous entendons par la fenêtre les couples qui rient sur la promenade. Ces différents mécanismes, par lesquels nous nous mettons en position passive de subir une situation, de rester assignés à notre célibat, nous permettent de ne pas endosser la responsabilité de notre existence.

## Au présent, l'ouverture des possibles

Nous considérons souvent passé, présent et avenir comme autant de réalités qui se succéderaient sur la ligne du temps. Des réalités objectives, bien séparées les unes des autres : le passé, comme temps révolu ; le présent du moment ; l'avenir non encore vécu. L'un menant à l'autre, seconde après seconde. Il y a pourtant une autre manière de regarder la temporalité. Au IVe siècle de notre ère, saint Augustin écrivait en effet : « Le futur et le passé n'existent point. On ne peut dire, à proprement parler, qu'il y ait trois temps, le passé, le présent et le futur ; mais peut-être serait-il plus juste de dire : "Il y a trois temps, le présent des choses passées, le présent des choses présentes, le présent des choses futures[147]." » D'abord, parce qu'aucun de ces moments n'est suspendu dans le vide. Le présent, par exemple, n'est pas qu'une suite de « maintenant » déconnectés. De la même façon qu'une mélodie est une succession de notes liées les unes aux autres, le regard présent englobe toujours un regard en arrière et un regard en avant. Mais aussi parce que, lorsque nous pensons au passé, c'est avec notre vision actuelle, forts de toutes nos expériences et pleins de qui nous sommes devenus. C'est de la rambarde de notre présent que nous contemplons, par exemple, notre premier amour. Ce que nous appelons le passé n'est ainsi que la façon que nous avons, en ce moment, de nous remémorer des choses. Il existe désormais comme souvenirs, habitudes, regrets, rancune, nostalgie, histoire... De la même manière, le futur est une façon présente d'anticiper, de nous orienter vers ou d'aller vers quelque chose. Il apparaît déjà comme attente, désirs, projets, planification, appréhensions, espoir ou désespoir, possibilité du devenir, etc.

147. Saint Augustin, *Les Confessions*, livre XI, chap. XX-26, trad. Péronne et Écalle (remaniée par P. Pellerin), Nathan, 1998.

## EXERCICE

**Vivez-vous plutôt au passé, au présent ou au futur ?**

Dans votre manière d'être, êtes-vous plutôt préoccupé par ce qui vous est arrivé des mois ou des années auparavant, ce que vous vivez actuellement ou ce que vous imaginez pour plus tard ? Êtes-vous plutôt orienté vers le passé, le « tout de suite maintenant » ou l'avenir ? Quand vous pensez à votre vie professionnelle, par exemple, qu'est-ce qui prend le plus de place ? Vos réussites ou vos échecs antérieurs, votre situation actuelle ou vos projets de carrière ? Dans votre vie amicale, êtes-vous plus attaché à entretenir les vieilles relations ou plus prompt à rencontrer de nouvelles personnes ? Et dans votre vie amoureuse, êtes-vous du genre à ruminer les histoires passées, à tournicoter sur votre solitude actuelle ou à fantasmer sur le vieux couple que vous formerez avec votre futur(e) partenaire ? Pouvez-vous distinguer une orientation marquée ? Cela dépend-il des contextes, de votre humeur ?

Cette autre conception de la temporalité présente, dans notre réflexion, plusieurs avantages. D'abord, elle relativise l'exactitude du passé et l'inéluctable du futur, qui deviennent subjectifs, propres à notre vécu et colorés par notre vision actuelle des choses. Nécessairement singuliers et changeants. Cela implique aussi que si nous ne pouvons pas changer les faits historiques, nous pouvons regarder comment nous les vivons différemment, peut-être même de manière inhabituelle, surprenante. Plutôt que de trouver dans le passé des « explications pour le présent » ou dans le présent des « solutions pour l'avenir[148] », nous sortons du déterminisme temporel en renonçant à chercher des causes et des explications apparemment définitives. « Être simplement présent à ce qui est en train de se créer », propose Jacques Blaize. Comment ? En acceptant de nous tenir au plus près

148. Jacques Blaize, *Ne plus savoir : phénoménologie et éthique de la psychothérapie*, *op. cit.*

de l'inachevé, de l'inabouti, de ce que nous ne comprenons pas (ou pas tout à fait) mais que nous n'enfermons pas dans un savoir définitif. De l'inconnu qui ne se laisse pas connaître et de la surprise toujours surprenante.

« Pour ouvrir un devenir différent », nous pourrions ainsi appliquer ces mots du psychanalyste François Ansermet à la rencontre amoureuse : « Être adepte d'[...] un principe de l'incertitude qui fait qu'on ne comprend pas ce qui arrive, que tout est incertain, incompréhensible. On ne sait pas ce qui est en jeu, on le sait juste de façon décalée, dans l'après-coup, même si c'est un après-coup immédiat[149]. » C'est reconnaître que le sens de ce qui nous arrive nous échappe. Un peu, beaucoup, complètement. C'est accepter de rester un peu en suspens par rapport à ce qui advient. Avec l'idée qu'une nouveauté va apparaître.

### *Chronos et kairos :* deux conceptions du temps, deux façons de voir la rencontre amoureuse

Les Grecs anciens avaient deux manières de concevoir le temps : *chronos* et *kairos*. *Chronos* est le temps long, continu. C'est celui de notre histoire, le support de notre identité narrative, celui qui fait le lien entre notre premier amoureux à l'école primaire, le dévastateur chagrin d'amour de nos dix-huit ans et la trahison de notre ex qui nous plombe encore tellement. Tandis que *kairos* est l'instant propice, précis et délimité. Représenté sous les traits d'un jeune homme ailé coiffé d'une seule touffe de cheveux qu'il faut attraper quand il passe, Kairos incarne l'opportunité, l'occasion favorable. Il y a un avant et un après.

« Quand elle est entrée dans la pièce, je me suis dit : c'est elle, c'est maintenant, c'est la femme de ma vie », raconte Axel. *Kairos* est le temps du changement, de l'ouverture des possibles. Le problème, c'est qu'il est aussi imprévisible qu'indomptable !

149. François Ansermet, « Éloge de l'inattendu », *op. cit.*

Il est affaire d'instinct, de spontanéité. Pas de recette, de préméditation, ni de protocole qui tienne[150] ! « Ne pas prévoir est extrêmement difficile pour moi, admet Lucien. J'ai besoin de comprendre ce qui se passe, de maîtriser un tout petit peu. D'être prêt. Une interaction impromptue avec une fille séduisante dans un lieu incongru, un supermarché par exemple, c'est insupportable. Je ne sais pas quoi faire, que dire, comment être ! » Si bien qu'il regrette encore de ne pas avoir demandé le téléphone d'une jeune femme rencontrée dans une station-service l'année dernière...
Tant d'inattendu peut être déstabilisant, bien sûr. Mais quel pied de nez au destin ! Car c'est le moment pour nous de nous saisir de notre liberté. Dans l'instant, tout peut changer. Nous pouvons sortir de nos répétitions, des liens de cause à effet qui nous ligotent à une fatalité. « Le sujet advient en fonction de ce qu'il met en jeu au présent. C'est ainsi qu'il est responsable de sa position de sujet, plutôt que d'être manipulé par un destin préétabli. Entre ce qui était et ce qui sera, il y a une béance, un hiatus, une coupure, celle du temps présent où tout peut se jouer différemment[151] », affirme François Ansermet. Non pas un présent arrêté, mortifère. Mais, comme nous le verrons dans le chapitre suivant, un présent comme temps des possibles, ouvert à l'inattendu de l'expérience.

En cela, la rencontre amoureuse peut être vue comme une ouverture kairotique, un temps suspendu. Nécessairement inattendue, surprenante. Elle nous plonge dans l'incertitude de ce qui va suivre, nous confronte à l'impossibilité de la définir tout de suite, de la cerner, d'en saisir le sens et l'issue. Nous ne savons jamais ce que cela va donner. Nous ne pouvons ni la préparer ni la déterminer à l'avance. « C'est perturbant, admet Juliette. Je ne sais jamais si l'homme que

150. Patrice Guillamaud, « L'essence du *kairos* », *Revue des études anciennes*, t. 90, n^os^ 3-4, 1988.
151. François Ansermet, « Éloge de l'inattendu », *op. cit.*

je rencontre va m'accompagner le temps d'un verre, d'une étreinte, d'une aventure de quelques semaines, ou pour les années à venir. » La rencontre est un moment critique de basculement, de crise. Avec toutes ses potentialités ouvertes, dont nous ferons après coup une continuité, un récit, une histoire. Cependant, quand elle se joue, nous sommes face à l'imprédictibilité. « L'amour ouvre un monde, écrit la philosophe Valérie Gérard. S'il a cette puissance, c'est qu'il est inscription dans une autre vie, dans un autre monde, où autre chose est possible. Rouvrir le possible est ainsi une puissance de l'amour[152]. »

## EXERCICE

### Un autre regard sur votre histoire

Une rencontre amoureuse déçue, une rupture dévastatrice, une trahison... Ce qui est arrivé est arrivé. Nous ne pouvons pas modifier l'histoire mais nous pouvons être attentifs à l'évolution du regard que nous portons sur elle. Par l'activité créatrice par exemple.

Prenez une feuille de papier et des feutres de toutes les couleurs. Après quelques minutes de respiration pour vous centrer, laissez venir le geste qui incarne ce que vous vous sentez aujourd'hui en repensant à cette époque difficile. Est-ce un gribouillis de noir qui bouillonne et tourbillonne ? Des traits qui lacèrent la feuille comme des coups de couteau ? Des petits bonshommes jaunes serrés les uns contre les autres ? Comment le dessin évolue-t-il ? Les traits deviennent-ils des arabesques ? Avez-vous envie de changer de couleur, d'ajouter des motifs, d'en enserrer une partie dans un cadre bien fermé ? Quand vous êtes arrivé à une forme qui témoigne bien de votre état d'esprit du moment, rangez votre dessin.

152. Valérie Gérard, « Où ont lieu les histoires d'amour ? », *in* Jean Birnbaum (dir.), *Amour toujours ?*, Folio essais, 2013.

Laissez passer quelques jours, quelques semaines, quelques mois avant de refaire l'expérience de la même manière, sur une feuille blanche. Est-ce que quelque chose a changé dans votre énergie, votre manière de faire ? Quand vous avez fini ce deuxième dessin, sortez le premier et mettez-les à côté. Qu'y a-t-il de différent ? De semblable ? Distinguez-vous une continuité ou ces dessins n'ont-ils rien à voir entre eux ?
Il ne s'agit pas de trouver de nouvelles explications mais de regarder comment cet événement douloureux vit encore en nous aujourd'hui, comment il évolue, se colore différemment, change et nous surprend. Non pas expliquer, mais expliciter, c'est-à-dire « sortir du pli », « mettre à jour, déployer, ce qui dans l'instant était impliqué, replié, ébauché[153]. » Un processus parfois difficile à mener seul, mais passionnant lors d'une psychothérapie ou d'un groupe de développement personnel.

## Regagner de la sécurité pour aller vers l'autre

Face à la surprise amoureuse, nous sommes ballottés entre nos aspirations à la liberté, à la folie, à l'excitation de la nouveauté qui bouscule et chamboule (l'amour !)… et l'anxiété propre à toute aventure, notre besoin de réassurance, de sécurité. Comment nous ouvrir aux possibles, à l'inattendu, sans nous faire violence ? Faudrait-il « lâcher prise » ? Ce fameux « lâcher-prise » devenu un slogan, que nous nous répétons comme s'il fallait le décider pour que tout aille mieux. Ce n'est bien sûr pas si simple. Car ce n'est qu'en nous sentant suffisamment *secure*, assurés d'une base solide et familière que nous pouvons prendre le risque de l'inédit. Ce n'est qu'en étant tranquilles sur le fait qu'une surprise, même désagréable, ne va pas

153. Patrick Colin, *Philosopher en gestalt-thérapie : divers tissements, op. cit.*

nous détruire, que nous pouvons nous aventurer. Sinon, c'est la menace d'être pétrifiés, saisis. L'effroi, la stupeur, la sidération. L'événement inassimilable.

L'incertitude révèle la « potentielle fragilité des assises du sujet[154] » explique Daniel Marcelli. Pour qu'elle soit tolérable, qu'elle ne nous renvoie pas au péril potentiel de nous perdre, pour que nous puissions supporter le doute, l'inconnu, « il faut deux préconditions : un narcissisme suffisamment stable et sûr, et l'expérience que cette étape est transitoire[155] », qu'elle va ouvrir ensuite sur autre chose. Des conditions qui se renforcent réciproquement. C'est en effet en faisant l'expérience de notre solidité à aller dans l'inconnu que nous acquérons peu à peu la confiance pour nous y lancer à nouveau. À l'inverse, nous sentir particulièrement vulnérable face à la surprise nous met en situation si fragile que toute incertitude semble insurmontable. Célia a bien identifié, par exemple, le fait que les situations de séduction ont été particulièrement difficiles à vivre quand elle était au chômage. « Je me remettais déjà en question professionnellement. Je ne pouvais pas, en plus, me mettre en danger affectivement, m'exposer au risque d'être rejetée, jugée moche ou inintéressante. J'ai fait une pause dans ma recherche amoureuse, car cela me plombait encore plus. » C'était aussi, dit-elle, « trop de changement, trop d'inconnu à affronter au même moment ». C'est en effet un point essentiel : c'est l'appui sur le connu, la stabilité de notre familier, qui nous permet de nous ouvrir à la nouveauté. Bien sûr, nous avons sans cesse à nous adapter aux changements de notre environnement. La vie n'est pas un long fleuve tranquille. Mais trop de bouleversements peuvent nous fait perdre pied.

Comment, alors, nous solidifier, nous arrimer, nous assurer d'un minimum de sécurité ? La question est vaste et fort singulière. Quelques techniques ont fait leurs preuves (cohérence cardiaque,

154. Daniel Marcelli, *La Surprise, chatouille de l'âme, op. cit.*
155. *Ibid.*

méditation, respiration consciente...) et sont d'une précieuse aide. Cependant, ne nous leurrons pas. Pour certains d'entre nous, ces quelques pistes ne sont pas toujours suffisantes lorsque nous sommes profondément angoissés. Nous sommes parfois incapables de trouver les appuis nécessaires, dans l'environnement ou en nous-mêmes, pour nous engager dans le contact avec l'autre. Lorsque c'est le cas, une psychothérapie permettra de construire, dans la durée, un fond de sécurité. Les thérapies qui travaillent sur la relation entre patient et thérapeute (en individuel ou en groupe), notamment, permettent d'explorer notre manière d'aller vers l'autre, d'apprendre à tisser un monde commun, à nous entrouvrir peu à peu. Pour pouvoir, ensuite, nous sentir en sécurité dans nos relations familiales, amicales, ou dans la rencontre amoureuse.

**Qu'est-ce qui vous ressource ?**

Qu'est-ce qui vous fait du bien lorsque vous êtes angoissé ou déprimé ? Vraiment du bien ? Qu'est-ce qui vous aide à abaisser votre niveau de stress, à sortir des idées noires, à vous remettre en mouvement avec l'émotion que vous traversez ? Non pas en la niant, en la mettant de côté, mais en avançant avec elle, jusqu'à ce qu'elle se dissipe ou se transforme ?

- **Maellys** : « Nager en prêtant attention à mon souffle, à mon expiration dans l'eau, à mes mains qui la repoussent, mes pieds qui propulsent. En sentant ma puissance, l'effet que j'ai sur l'eau, je sens que je suis solide, que je peux avoir confiance en moi. »

- **Olivier** : « Rire avec mes enfants. Profiter de leur joie, de leur insouciance. M'en imprégner. C'est magique ! Ou, quand je suis loin d'eux, regarder des photos, des vidéos de moments passés ensemble. Ça marche aussi très bien ! »

- **Chantale** : « Aller me faire masser. Sentir la pression des mains sur mon corps, c'est comme si je retrouvais mon enveloppe charnelle, mes contours. Je me regroupe intérieurement, je me solidifie. »

- **Benjamin** : « Marcher dans la forêt avec mon chien. Sentir mes muscles toniques, mes jambes comme appui, le sol sur lequel je peux compter. Le contact avec la nature m'apaise. La verticalité des arbres, le son du vent dans les feuilles, le chant des oiseaux... Et savoir que, quoi qu'il m'arrive, la vie continue ici. »

En situation de séduction, Adam construit sa sécurité par la plaisanterie : « Cela dédramatise l'enjeu. Je prends le rendez-vous moins au sérieux. J'instaure une complicité, un début de lien qui me rassure. » Pour Elizabeth, la sécurité advient dans l'indicible, dans la manière dont elle se sent accueillie par l'autre : « Ce n'est pas une question de signes qu'il me donnerait, par exemple, en montrant qu'il m'écoute ou me regarde. C'est au-delà de ça, quelque chose de plus subtil qui me fait sentir que je peux exister pleinement. » Pour d'autres, c'est la nécessité de trouver du même, des points communs ou des connaissances partagées qui permet d'instaurer cette sécurité. Si bien que les rencontres sur Internet « hors réseau », en dehors de leur univers connu, les mettent face au vertige de trop d'incertitude. Comme nous le verrons plus loin (« Prendre le temps de l'apprivoisement, de la séduction sans projet », p. 157), la confiance se gagne dans un contact progressif, un dévoilement par petites touches, une connaissance acquise tranquillement et l'assurance que nous pouvons avancer à notre rythme, vérifier nos projections, nos doutes... ou reculer si besoin.

**EXERCICE**

**Cherchez votre socle de solidité**

Profitez d'un moment de calme où vous vous sentez apaisé, serein. Mettez-vous debout, les jambes légèrement écartées, les pieds à plat sur le sol, les jambes droites mais souples, le périnée et les abdominaux légèrement contractés, les bras relâchés, le dos élancé, le menton un peu rentré.
Pendant quelques minutes, inspirez par le nez en gonflant le ventre et en comptant jusqu'à cinq. Puis expirez par la bouche en comptant jusqu'à six.
Après ce centrage par la respiration, cherchez où, dans votre corps vous pouvez sentir de la sécurité. Est-ce minuscule, localisé dans un endroit bien précis, ou grand, dans une zone élargie? Est-ce dans les jambes, les hanches, le dessus de la main, la nuque? Laissez la sensation s'installer. Imaginez qu'elle s'imprime dans votre corps, comme des grains de sable qui se collent à la peau, un tatouage qui se dessine ou une empreinte qui perdure. Prenez bien le temps de visualiser le processus en train de se faire. Il faut réitérer cet exercice plusieurs fois pour ancrer votre socle de sécurité… et pouvoir le recontacter (par le toucher ou la pensée) dans les moments où vous en éprouvez le besoin.

## Avoir confiance en l'inattendu

Comment espérer la rencontre amoureuse sans la guetter ? Comment préparer le terreau de l'imprévu ? « Tu rencontreras quelqu'un lorsque tu t'y attendras le moins », assure une amie à Célia. La proposition prend des allures d'injonction paradoxale qui, non seulement nous empêche, nous coince, nous fige (ne bougeons pas, elle va fuir !), mais nous met aussi en accusation. « Si cela ne vient pas, suppose Laure, c'est que je suis trop crispée. Il faudrait que je lâche quelque chose, que je m'ouvre... » Comme nous venons de le voir (« Regagner de la sécurité pour aller vers l'autre », p. 140), le fameux lâcher-prise ne peut pourtant advenir que si nous nous sentons en sécurité. Sinon, c'est l'impossibilité à percevoir la nouveauté, c'est la déstabilisation, voire l'effroi. L'inattendu n'est concevable que si, suffisamment tranquilles, nous pouvons nous rendre disponibles à l'expérience. Alors, il devient envisageable de supporter l'inconfort de l'attente, sans savoir ni si, ni comment, ni quand la rencontre amoureuse adviendra. La surprise, c'est une évidence, ne peut apparaître que s'il y a un écart entre ce qui est anticipé et ce qui survient.

« Les sites Internet, les dîners arrangés, les activités en groupe avec des inconnus... Je me suis beaucoup épuisée à tenter de rencontrer quelqu'un, se souvient Shirin. À chaque fois, je partais pomponnée, au top de moi-même, souhaitant de tout mon cœur que ce soit la bonne. Tendue vers la rencontre mais anticipant déjà la déception car il ne se passait jamais rien. Et puis un jour, j'ai arrêté de faire ma vie en fonction de ça. J'ai eu envie d'autre chose. Ce n'était ni un déclic ni un revirement, mais une nouvelle orientation. Je me suis investie dans une association d'aide aux plus démunis. Cela m'a fait du bien de me décentrer de mon objectif personnel, de m'ouvrir à autre chose. Deux mois plus tard, j'ai rencontré Gilles à la boulangerie en bas de chez moi. »

Car il ne s'agit pas d'attendre la rencontre sans en avoir l'air. De faire semblant de regarder ailleurs en sifflotant. Mais plutôt de reconnaître la contingence dans laquelle nous sommes, les limites de notre volonté, tout en ayant confiance que quelque chose va arriver. Séjourner dans l'incertitude. Renoncer à maîtriser, à prévoir, à anticiper. Accueillir ce qui peut surgir et que nous n'imaginions pas sous cette forme, de cette façon-là.

D'ailleurs, pour reprendre la distinction grecque entre *chronos* et *kairos* (voir encadré p. 137), notons qu'en rhétorique, si le *kairos* grec désigne le mot à propos, celui qui fait mouche dans un dialogue, il signifie également l'opportunité du silence, quand se taire en dit plus qu'un long discours[156]. Cela peut sembler inconfortable, voire insupportable. Sauf que cette incertitude est créatrice. C'est justement de ce rien, de cette page blanche, que quelque chose va pouvoir advenir. Quoi ? Quand ? Où ? Impossible de le savoir bien sûr…

**Lucien, en guerre contre les silences**

Avant chaque rendez-vous amoureux, Lucien notait scrupuleusement toutes les pistes possibles de conversation. L'idée d'être confronté au silence avec une femme lui était insupportable. « Ne rien avoir à dire, c'est être inintéressant. » Il procédait de la même façon pour les dîners entre amis, en famille, etc. Si bien qu'il sortait épuisé de ces interactions, avec le sentiment d'avoir « porté toute la discussion à lui tout seul » et de devoir « ramer pour que ça se passe bien » ! Et s'il arrêtait de ramer, que pourrait-il se passer ? Il fit l'expérience lors d'un déjeuner entre collègues, pas longtemps, pour voir. « Incroyable ! Ma chef, qui ne s'intéresse jamais à moi, m'a posé des questions ! » Peut-être lui avait-il laissé suffisamment d'espace pour venir le rencontrer.

Et s'il ne se passait rien, vraiment rien du tout ? Si la rencontre tant espérée n'advenait jamais ? Impossible de ne pas envisager des moments de doute, de découragement. De désespoir même, de crainte que la rencontre soit peut-être passée, irrémédiablement manquée. De souffrance aussi, partagés que nous sommes entre les sentiments d'injustice, d'abandon, de colère. Il est parfois difficile de tenir bon. « C'est précisément là que la confiance intervient, affirme Jacques Blaize : le "ensuite" ne peut pas être du "rien", il n'est du "rien" que par contraste avec une attente déçue. Être confiant

156. Patrice Guillamaud, « L'essence du *kairos* », *op. cit.*

c'est attendre quelque chose sans rien attendre[157]. » C'est encore plus vrai dans la rencontre amoureuse. L'amour est à l'image de la « caresse » décrite par le philosophe Emmanuel Levinas : la caresse « ne sait pas ce qu'elle cherche. [...] Elle est comme un jeu avec quelque chose qui se dérobe, et un jeu absolument sans projet ni plan, non pas avec ce qui peut devenir nôtre et nous, mais avec quelque chose d'autre, toujours autre, toujours inaccessible, toujours à venir. La caresse est l'attente de cet avenir pur, sans contenu[158] ».

**Samuel : « J'avais envie de nouveau, sans que cela soit porté sur l'idée de tomber amoureux. »**

« Rencontrer quelqu'un n'a jamais été une obligation, ni un modèle d'accomplissement, raconte Samuel. C'était possible, comme de rester célibataire et sans enfant. Cependant, j'étais arrivé à un moment de ma vie où je m'ennuyais un peu avec moi-même. Je tournais en rond. J'avais envie de nouveau, de mouvement, sans que cela soit porté sur l'idée de tomber amoureux. Ça n'entrait même pas en ligne de compte. J'envisageais un grand voyage, un chantier participatif, l'engagement dans l'humanitaire... Et puis j'ai rencontré Lucile. Ce qui ne m'avait jamais paru indispensable était tout à coup harmonieux, évident. J'étais disponible au changement. »

157. Jacques Blaize, *Incertitudes et évidences de la gestalt-thérapie*, *op. cit*
158. Emmanuel Levinas, *Le Temps et l'Autre*, Quadrige Grands Textes, PUF, 1983.

## Sensations, émotions : laisser émerger l'inconnu en nous

Être ouverts à la nouveauté, son inattendu, ses aléas, demande aussi d'éveiller nos sens. Regarder, entendre, sentir, goûter, toucher. Nous laisser porter par l'expérience sensible, sa singularité, sa complexité, sa variabilité et sa richesse. Apprécier la manière dont elle virevolte, s'échappe, ne se laisse pas saisir. Ne pas nommer, ne pas interpréter, ni déduire. Ne pas chercher à mettre du sens justement. Pas tout de suite. Même si cela nous rassure de savoir, de comprendre, d'identifier, d'avoir des points de repère. C'est, alors que nous avançons dans la nuit, ne pas définir ce qu'est ce point lumineux qui apparaît là-bas, au loin. Un phare de vélo ? L'œil d'un lapin qui brille à la lune ? Un brasier ? La lampe d'un promeneur ? C'est sûr, l'incertitude est lourde de menaces. Nous aimerions discerner, nous rassurer, plaquer un nom sur nos suppositions, être avertis de ce qui nous attend. Avec nos sensations, c'est un peu pareil : ne pas savoir est potentiellement angoissant. Nous craignons l'incompréhension, la confusion, de perte de contrôle, l'envahissement.

### EXERCICE

**Ouvrez vos sens**

Asseyez-vous à l'extérieur, dans un endroit un peu animé, si possible dans la nature (un parc par exemple, c'est idéal), où vous ne serez pas dérangé. Munissez-vous de quelque chose à boire et à manger. Prenez le temps de vous centrer, afin d'être entièrement disponible à l'expérimentation. Vous allez passer en revue les informations données par vos cinq sens, les uns après les autres. Vous pouvez vous aider en écrivant ce qui vous vient si c'est plus facile.

- **Le toucher:** comment sentez-vous la position de votre corps, ses différentes parties (c'est, plus largement, ce qu'on appelle la proprioception), vos appuis (pieds sur le sol, cuisses sur le banc ou fesses dans l'herbe...)? Quels contacts avec l'environnement percevez-vous (celui des vêtements sur votre peau, de l'air dans vos narines, du vent dans vos cheveux...)? Pouvez-vous détailler des textures (dur/doux, épais/fin, moelleux/piquant, souple/rigide, humide/sec...), une forme (anguleux/rond, long/court...), une température, etc. Passez votre corps en revue, des pieds à la tête, pour aiguiser votre attention.
- **La vue:** sans chercher à mettre du sens, listez les couleurs que vous voyez, leurs nuances (foncé/clair, brillant/mat, sombre/lumineux, terne/éclatant, uni/bariolé...), les tailles, les distances, la perspective, les formes...
- **L'ouïe:** tentez de distinguer les sons selon leur hauteur (aigu/grave), leur proximité, leur force, leur type (continu/discontinu, clair/étouffé, mélodieux/dissonant...).
- **Le goût:** vous pouvez utiliser ce que vous avez apporté. Quelle saveur avez-vous dans la bouche (salé/sucré, fade/acidulé/épicé...)? Quel est le volume, la texture (sec, glissant, collant, juteux...), la température?
- **L'odorat:** quelles odeurs percevez-vous (fleurs, terre, herbe, mer, bois...)? Quelles en sont les nuances, les effluves? Est-ce léger, envahissant, délicat? Est-ce lointain/proche, ténu/fort?

Prenez maintenant le temps de laisser venir à vous, en même temps, toutes les informations transmises par vos cinq sens. De sentir comment elles s'harmonisent, s'entrechoquent, dialoguent. Y a-t-il de la nouveauté? Remarquez-vous qu'un ou deux sens prennent le dessus? Q'un ou deux autres s'effacent? Amusez-vous à faire varier l'attention que vous portez à l'un puis à l'autre. Modulez, modulez encore.

Prêter ainsi attention à nos ressentis et à nos émotions peut sembler étrange, curieux, inhabituel. C'est un travail d'ouverture, de créativité, mais aussi de renoncement, d'acceptation de l'insaisissable, de l'inexact, de l'incertain. C'est un apprentissage certes difficile, qui demande de la délicatesse et de l'attention. De l'imagination aussi, car c'est une manière de laisser vagabonder nos sensations sans toujours parvenir à les résumer en une image. Cette boule dans la gorge, par exemple, que nous pourrions attribuer à de l'anxiété à l'idée de nous rendre à un premier rendez-vous : quelle forme a-t-elle ? Est-elle en mouvement ou statique ? Quelles sont sa taille, sa couleur, sa matière ? Est-ce une boule en fer, une boule de neige, une pelote de laine, un ballot de paille poussé par le vent ? Est-ce une bulle, comme celles du champagne, légères, virevoltantes qui font prendre conscience à Juliette de son excitation à rencontrer enfin celui dont ses amis lui ont tant parlé ? Une bulle bleue comme celle qui remontait du fond de la piscine lorsqu'Adam faisait de l'apnée, chez ses grands-parents, pendant les vacances ? Souvenir de moments suspendus, tranquilles, heureux, insouciants. Ou une bulle d'air qui resterait coincée, tant Julien a du mal à respirer en envisageant ce dîner ? Accepter ce qui est, même si c'est inadapté, inconfortable, bizarre. Ralentir. Guetter les micro-changements. Un resserrement ici, une ouverture là. Se tenir dans l'observation curieuse.

Être attentifs à notre ressenti, c'est être attentifs à cette situation, avec ce qui s'y passe de singulier. Comme nous n'en avons pas l'habitude, rien que le fait de porter attention à nos sensations devrait déjà nous ouvrir à de la nouveauté. Mais surtout, nous reconnecter à notre boussole intérieure nous offre l'occasion de sortir des sentiers battus, des discours tout faits, des phrases déjà dites. Car cette manière que nous avons de ressentir, à cet instant-là de notre vie, dans ce lieu-là, avec cette personne, est forcément originale. En nous recentrant sur notre vécu, nous nous offrons ainsi la possibilité d'être authentiques avec nous-mêmes comme avec l'autre. Et donc, de nous rencontrer véritablement dans la richesse de notre humanité. Lorsque nous pouvons nous tenir dans cette ouverture à l'inconnu en nous, alors nous nous rendons disponibles à la surprise possible dans la rencontre. Quelque chose d'imprévisible va émerger, qui ne sera pas le résultat de ce que nous avions anticipé. « La nouveauté jaillissante [...], si elle peut se tenir quelque part, écrit Patrick Colin, c'est bien en amont de la signification, à ce moment où le sentir, le se sentir tricotent ensemble quelque chose comme la nouveauté[159]. »

## EXERCICE

### Mettez-vous sur pause

Stop. Restez dans la position dans laquelle vous êtes, sans changer quoi que ce soit. Que vous soyez debout, assis, bien installé ou pas à l'aise du tout, ne bougez pas. Respirez seulement et prêtez attention à ce que vous ressentez, en partant des pieds. Comment sont-ils placés ? Vos orteils touchent-ils les bords de votre chaussure ? Votre talon est-il lourd, stable, en suspension ? Les muscles de vos mollets sont-ils détendus, contractés ? Est-ce pareil pour les deux jambes ? Et vos genoux ? Vos fesses ? Repérez-vous des espaces, des sautillements, des éléments souples ou compacts ? Du froid, du mou, du sec ? Du « qui se réchauffe », « qui se ralentit », « qui se répand » ? Comment est votre respiration : dans le ventre, le buste ? Fluide, saccadée, ample ou toute petite ? Votre dos est-il droit, cambré, penché d'un côté, déséquilibré ? Vos épaules sont-elles remontées vers les oreilles, arrondies, tirées en arrière ? Sentez-vous des envies de mouvement, à un endroit ou à un autre du corps, comme une tentation d'avancer ou de reculer (un pied, le bassin, la tête...) ? De monter ou de descendre (le cou, les mains...), d'aller vers la droite ou la

159. Patrick Colin, « Parlez-moi d'amour... », *in L'Amour, un hors-sujet*, L'Exprimerie, coll. « Cahiers de gestalt-thérapie », 2011.

gauche ? Remarquez comme cela se modifie, au fur et à mesure que vous y portez votre attention. Peut-être est-ce un changement évident, peut-être est-ce plus difficile à discerner, mais cela évolue forcément, au moins un petit peu.

## Cultiver un regard neuf sur le monde

Pour qu'il y ait croissance, il est d'abord nécessaire de percevoir la rencontre dans son originalité. Si nous la faisons immédiatement rentrer dans la case du « déjà connu, déjà vécu », si nous la colorons de l'échec passé (« ça se passe comme avec mon premier chagrin d'amour ») ou anticipé (« il/elle va forcément finir par me tromper »), si nous la recouvrons de considérations générales (« les hommes ne s'engagent pas » ; « les femmes ne cherchent qu'à avoir des enfants »), si nous l'enchâssons immédiatement dans une catégorie (« coup de foudre » ou « plan cul » ?), alors nous ne l'appréhendons pas dans sa nouveauté.

Comment faire ? En nous abandonnant autant que possible à l'expérience en cours. En nous appuyant notamment sur nos ressentis, nos émotions. Mais aussi en renonçant à chercher une quelconque vérité. En laissant flotter notre curiosité, notre émerveillement pour le monde alentour. En acceptant l'étonnement, l'imprévisible de la situation. La phénoménologie[160] – philosophie qui sous-tend la gestalt-thérapie – nous est ici d'une aide certaine. Dans cette perspective en effet, la seule connaissance du monde est la conscience que j'en ai dans l'instant, ici et maintenant. Le phénomène ne désigne pas la chose *en soi* mais quelque chose *pour moi.* « Il n'y a pas de vérité en soi, ni d'objectivité. Le rapport au monde est

160. La phénoménologie est un courant philosophique qui, renonçant à chercher la vérité, s'intéresse à l'étude (en grec « *logos* ») de ce qui apparaît (« *phainómenon* »), à la manière dont les phénomènes se dévoilent et dont nous en prenons conscience.

mouvant[161] », rappelle la psychologue clinicienne et gestalt-thérapeute Chantal Masquelier-Savatier. La réalité du monde est une construction personnelle et subjective, indissociable de mon expérience qui varie continuellement. C'est « une modestie qui m'aide à ne pas me mettre au-dessus des gens et à ne pas attribuer plus de validité à ma vision des choses qu'à celle des autres[162] », ajoute Frank M. Staemmler.

Notre façon de voir un paysage, par exemple, dépend de l'attention que nous portons à un arbre plutôt qu'à une rivière, de notre perception des couleurs, de notre attachement au vol d'une alouette... mais aussi, très prosaïquement, du point de vue où nous nous trouvons. Et, si mobiles et observateurs que nous soyons, nous ne pouvons jamais tout regarder, sous tous les angles à la fois. Nous ne pouvons jamais l'appréhender dans sa totalité. Tant mieux. Car c'est ici que naît l'art. Et c'est aussi, pour chacun d'entre nous, ce qui rend la réalité qui nous entoure si riche, insondable, mystérieuse et fabuleuse à découvrir. Le monde est plein d'inconnu, de tout ce que nous ne savons pas encore, qui va apparaître bientôt, peut-être, ou pas, et c'est absolument prodigieux. Il n'y a ni vérité absolue ni certitude. Seulement et toujours l'inachèvement, l'incomplétude, le renouvellement. Et l'émerveillement possible. « Rien n'est caché tout est révélé, [...] et pourtant tout est un mystère inépuisable parce que plein de multiplicités et d'horizon[163] ». Cela ne cesse de changer, comme ces nuées d'étourneaux, appelées « murmurations », qui se regroupent et s'éloignent en quelques fractions de seconde. Cela ne cesse de se modifier, d'échapper à l'idée d'une forme possible, de surprendre, de donner l'impression de quelque chose que nous pourrions reconnaître, avant de plonger à nouveau dans l'inconnu.

161. Chantal Masquelier-Savatier, *Comprendre et pratiquer la gestalt-thérapie*, InterÉditions, 2008.
162. Frank M. Staemmler, *Cultiver l'incertitude*, *op. cit.*
163. *Ibid.*

Alors, bien sûr, cultiver un regard neuf sur le monde demande de ralentir, de prendre le temps. Nos métamorphoses sont rarement des mouvements aussi spectaculaires que les nuées d'étourneaux. Il arrive qu'elles soient rapides, façon volte-face ou prise de conscience foudroyante. Mais elles sont plus souvent à bas bruit, discrètes, presque imperceptibles. Chuchotements d'humain, à petits pas de loup. Il faut parfois s'armer de patience, observer longtemps. « Si les gens paraissent inchangés, écrit encore Frank M. Staemmler, c'est du fait que vous les avez regardés trop brièvement et non du fait de leur façon d'être. Un diagnostic statique en dit plus sur la personne qui l'établit que sur la personne à qui il est attribué. » Et, lorsqu'il invite les psychothérapeutes à « cultiver l'incertitude », cela signifie « devenir optimiste et s'attendre à ce que le changement soit possible, même si vous ne pouvez pas (encore) l'apercevoir[164] ».

En observant ce qui émerge, ce qui se passe et comment cela se passe, nous restons dans une posture d'ouverture et de découverte. Nous n'avons en effet pas accès au monde tel qu'il est mais par notre manière d'être: tel que nous le percevons, à partir de nos ressentis, de notre singularité, de notre histoire, de notre manière bien à nous d'être conscients. Notre présence au monde est incarnée. C'est ce qui la rend si unique et si précieuse.

164. *Ibid.*

### EXERCICE

**Exercez-vous à l'étonnement**

Allez dans un endroit que vous pensez connaître par cœur (un parc, un café, la place du marché...). Installez-vous confortablement et, les yeux fermés, prenez quelques respirations profondes, faites le vide. En ouvrant les yeux, imaginez que vous êtes tout à coup transporté sur une autre planète, entouré de gens très différents de vous. Regardez leur manière étonnante de marcher, de discuter, de rire. Comme il est saugrenu d'avoir aménagé ce lieu ainsi, avec cette décoration! Amusez-vous de la façon dont ils utilisent ce truc insolite (un horodateur? une cafetière? une camionnette?). Et cette langue que vous ne comprenez pas: quels sons curieux, quelle musique bizarre!

Que remarquez-vous de nouveau? Qu'y a-t-il d'étrange, de non familier? Qu'imaginez-vous que les gens se disent? Quels métiers les plus fous pouvez-vous leur attribuer? Quelle histoire rigolote seraient-ils en train de vivre?

# Les débuts
# d'une rencontre tissée d'inattendus

## Prendre le temps de l'apprivoisement, de la séduction sans projet

« Le pire, c'est quand ça commence à marcher », annonce Catherine. Quand la rencontre advient, que nous parvenons à nous y engager sans trop de craintes, de tremblements, de vertige. Quand, le cœur bringuebalant, les mains moites et tremblantes, nous nous laissons emmener d'un rendez-vous à un autre, sans parvenir à distinguer dans quoi nous mettons les pieds. « Qu'est-ce que c'est ? » m'interroge-t-elle, m'accrochant du regard, en attente d'un début de certitude qui pourrait faire office de rampe ou de bouée de sauvetage à laquelle se cramponner. Elle énumère les signes bien connus, « forcément révélateurs » de l'amour naissant : « Je suis pleinement heureuse quand je suis avec lui. C'est un havre de paix. Plus rien ne compte. Nous parlons de choses importantes, intimes. Nous nous comprenons profondément. » Mais pour autant, certaines caractéristiques qu'elle pensait nécessaires ne sont pas assurées : « Nous ne rions pas beaucoup. Notre relation est très intense, sérieuse. Pas vraiment légère, à la différence de la rencontre avec mon premier mari quand j'avais dix-sept ans. » « Alors, c'est de l'amour ? » La question tombe comme un couperet : elle attend le diagnostic.

Pourquoi tant de hâte ? « Pour être sûre. Pour me dire que c'est bon, que je peux y aller et que ça va durer. » Sans définition arrêtée, impossible de larguer les amarres. L'aventure amoureuse doit être balisée comme ses vacances en voyages organisés qu'elle choisit sur des dépliants : le circuit, les escales, l'arrivée planifiés. Sinon pas question de se lancer. « Ou alors ce n'est qu'une très forte amitié et c'est bien aussi... », annonce-t-elle dans un soupir, « un peu soulagée ». Car ne pas savoir, c'est trop d'anxiété à supporter. Mieux vaut une vérité au rabais que de continuer à naviguer dans les eaux troubles d'une rencontre qu'elle ne parvient pas à clarifier.

Parce que nous sommes prisonniers d'une conception de l'amour qui devrait tenir du coup de foudre ou au moins de l'évidence incontournable que « c'est le bon », nous ne nous laissons pas le temps du tâtonnement, de l'observation, de la découverte de l'autre, de la connaissance progressive. De la possibilité d'un amour qui ne soit pas une révélation mais une expérience cumulative, inscrite dans la longue durée. De l'intimité qui se révèle, s'éprouve et se construit peu à peu, dans l'étroite fréquentation comme dans les temps d'éloignement, entre présence et absence. Nous tirons vite des conclusions : « il n'est pas assez comme ci », « elle est trop comme ça ». Nous étiquetons rapidement l'éventuel partenaire (« c'est un dépendant affectif », « elle est trop narcissique ») ou la relation (« c'est un plan cul », « il n'y a pas le petit truc en plus »). Nous ne nous donnons pas le temps de nous apprivoiser. Notre empressement à définir la relation nous pousse à la catégoriser, à la circonscrire de certitudes et donc à la clore, à la fermer à l'inattendu de la rencontre. En tentant de nous rassurer, de parer à l'insupportable angoisse de l'inconnu, nous prenons le risque de la figer.

C'est que nous sommes pris dans ce que Roland Barthes dénonce comme un « leurre du temps amoureux », celui du « roman d'amour ». Car « la scène initiale au cours de laquelle j'ai été ravi, je ne fais que la reconstituer : c'est un *après-coup* ». Nous la racontons comme si elle était « nette, surprise, encadrée[165] ». Nous créons rétrospectivement une forme, un sens, une nécessité, une évidence, un *storytelling* du couple. Nous évacuons la contingence, le flottement, les atermoiements, les « finalement non… et puis peut-être si ». Nous ne nous imaginons pas ballottés par l'incertitude, mais clairvoyants, sûrs de nous, déterminés. Loin de l'effet de surprise qui nous déstabilise, nous fait vaciller, douter, chercher où sont la lumière, le cadre, le but.

**Le coup de foudre, une interprétation rétrospective**

Mot « fourre-tout » regroupant des expériences variées, le coup de foudre est néanmoins le Graal de la rencontre amoureuse. « J'en ai un par mois environ, confie Amélie. Dans le bus ou à l'occasion d'une soirée, je le vois, il est là, l'homme idéal. Au moment où nos regards se croisent, au ralenti, une petite musique sirupeuse s'envole, comme dans les films. Sauf que, quelque temps plus tard, je comprends qu'en fait, non, ça ne le fait pas. Ce n'est pas encore l'homme de ma vie. Ce n'est pas grave, à la prochaine fête, je serai à nouveau comme une gamine qui cherche ses œufs de Pâques, gourmande et enthousiaste ! » Sauf que si le coup de foudre tant attendu n'est pas si facilement reconnaissable, c'est qu'il peut ne devenir exceptionnel qu'*a posteriori*. C'est parfois en regardant en arrière que les amoureux reconstituent l'événement de leur rencontre en un avènement, qu'ils se le racontent comme un destin. « Car, désormais, le roman du

165. Roland Barthes, *Fragments d'un discours amoureux*, *op. cit.*

couple, écrit Jean-Claude Bologne, fragilisé par le divorce, se rédige moins dans l'avenir (faire des enfants) que dans le passé (la mémoire de la rencontre)[166]. »

Prendre le temps de l'apprivoisement, c'est aussi ne pas chercher à tout clarifier. Si la séduction trouble, suscite l'attente, l'impatience, c'est justement par son jeu entre l'implicite et l'explicite. Suffisamment explicite pour que nous comprenions tous les deux qu'il est bien question de se plaire ; suffisamment implicite pour susciter la curiosité. Entre dévoilement et recouvrement. C'est également le propre de l'érotisme, qui allume le désir par ce qu'il cache, ce qu'il suggère sans montrer, contrairement à la pornographie qui expose sans détour. C'est aussi toute la différence entre la drague et la séduction. La drague, c'est « la séduction des séducteurs, hommes et femmes, qui appliquent des techniques, des méthodes, pour tenter artificiellement de séduire l'autre[167] ». Ce qui est au premier plan, c'est l'instrumentalisation de l'autre ou, du moins, un projet défini et les moyens pour y parvenir. Au contraire de la séduction authentique qui n'est pas planifiée, protocolisée, mais vécue, sentie, éprouvée. Qui nous surprend, nous attise, nous attire dans ses filets, vers des contrées inconnues, mystérieuses et excitantes. Mais cet abandon à ce qui se passe malgré nous entre nous ne peut marcher que si les *a priori* que nous avons sur la rencontre, sur nous-mêmes et sur l'autre sont provisoirement suspendus ou mis entre parenthèses (voir « Nous ouvrir à l'inattendu de l'autre, faire tomber nos préjugés », p. 164). Cela suppose que nous ne cherchions ni à tout comprendre ni à tout contrôler. Que nous soyons disponibles à ce qui est à l'œuvre et nous échappe. C'est, explique Jacques Blaize, une « éthique de la séduction, de la séduction comme esthétique et non comme stratégique[168] ».

166. Jean-Claude Bologne, *Histoire du coup de foudre*, *op. cit.*
167. Jacques Blaize, *Incertitudes et évidences de la gestalt-thérapie*, *op. cit.*
168. *Ibid.*

Le flirt, parce qu'il reste dans l'implicite, dans la pénombre du « demi-mot », et qu'il est du côté du jeu, offre ainsi de nombreux avantages. Temporels, d'abord, puisqu'en ne nous pressant pas, il nous laisse le temps de l'accordage affectif. De voir comment nous nous sentons avec l'autre, comment chacun réagit aux avances, aux silences, aux retraits, et quel est ce « pas de deux » que nous créons ensemble. Nous pouvons tester nos projections, nos *a priori*, avoir la possibilité de les réviser, de les modifier, sans tirer trop vite de conclusion définitive. Voir ce que cela donne lorsque nous nous dévoilons, lorsque nous tentons d'avancer encore un peu, sans pour autant risquer l'humiliation ou le rejet de manière trop directe. Le flirt est aussi « un art léger, enjoué, dans lequel on peut prendre des risques pas à pas. On peut mettre son orteil à l'eau et ensuite aller plus loin si ce n'est pas trop froid, développe Michael Vincent Miller. On peut larguer les amarres et mettre les voiles mais faire demi-tour à tout moment si le vent devient trop difficile à dompter[169] ». Il permet de s'amuser avec l'incertitude, en sécurité.

**Delphine : « Dans mon histoire, pouvoir dire oui ou non, c'est une sacrée réparation ! »**

« Quand j'ai rencontré Marc, j'étais à peine divorcée. Je sortais d'une histoire compliquée. Je ne me sentais pas disponible. J'avais plutôt envie de souffler, de me reconstruire. La grande nouveauté a été de ralentir, de laisser l'inattendu se frayer un chemin, de ne rien forcer. Ni pour moi ni pour l'autre. J'ai été attentive à ne pas y aller à fond. Je me suis autorisée à temporiser ses attentes (réelles ou supposées), à être à l'écoute de mes sensations, de mes envies. À ne pas me sentir obligée, par exemple, de l'embrasser parce qu'il m'avait raccompagnée jusqu'à ma voiture le premier soir. Ou de coucher avec lui parce que nous étions dans le même lit. Avant, quand je rencontrais

169. Michael Vincent Miller, *La Poétique de la gestalt-thérapie*, *op. cit.*

quelqu'un, j'avais l'impression d'entrer dans un tunnel dont je ne pouvais ressortir qu'après avoir satisfait l'autre. Pas cette fois. Dans mon histoire, pouvoir dire oui ou non, c'est une sacrée réparation ! Même si je me jugeais de ne pas m'engager, d'avoir l'impression de faire des promesses, d'être une "allumeuse"… C'était compliqué d'accueillir toute cette liberté ! »

## Le juste intervalle pour permettre l'étonnement

Pour qu'il y ait de la surprise, il faut de l'espace. La place nécessaire pour nous voir l'un l'autre, sans nous marcher sur les pieds. C'est l'indispensable de la rencontre. Ni oubli de soi ni sacrifice. Ni intrusion ni confusion. Que l'intervalle qui nous sépare nous permette de nous entendre, de nous émouvoir. Une juste distance. Une distance ajustée à chacun de nous deux. « Trop » nous empêcherait le plein contact ; « pas assez » ne nous permettrait pas d'apparaître l'un à l'autre. Nous pourrions ainsi aborder la rencontre « de la façon dont on prend le pouls de quelqu'un : avec une délicate résolution. À ne pas toucher la peau, on ne ressent rien, à trop serrer le poignet, on bloque la circulation et l'on ne sent rien non plus », souligne Catherine Deshays[170]. À rebours de nos tentations de fusion, c'est la possibilité de la différenciation qui permet à deux personnes singulières d'advenir dans un monde commun.

Laisser de l'entre-deux, c'est également ne pas savoir à la place de l'autre, ne pas présupposer de la manière dont il est affecté par la situation. Car, si empathique et attentif que nous puissions l'être, nous ne pouvons pas sentir ce qu'il vit. Nous sommes inéluctablement séparés les uns des autres. Gardons-nous de dire « je sais ce que tu sens », « je sais ce que tu penses », « je sais qui tu es ». Acceptons,

170. Catherine Deshays, *Trouver la bonne distance avec l'autre grâce au curseur relationnel*, *op. cit.*

justement, de ne pas savoir, de ne pas nous approprier le vécu de l'autre. Reconnaître nos différences nous permet de nous affirmer, chacun dans notre identité propre, tout en nous offrant l'occasion de regarder notre complémentarité. De découvrir comment chacun enrichit la vision du monde de l'autre. Avec égard, indulgence, générosité. C'est aussi nous confronter à nos limites : nous ne sommes pas tout-puissants, nous ne pouvons pas combler l'autre. Il y a un « endroit » de lui où il est seul et où nous ne pouvons qu'être soutien, à ses côtés. Nous touchons, là encore, à notre solitude existentielle.

C'est, en outre, respecter son espace, ses silences, son mystère, son obscurité, son opacité même, son « insaisissable ». Ne pas chercher à éclairer à tout prix son passé, ne pas lui demander d'exposer l'intégralité de son histoire ni le noyau de son intimité, là où il cache le plus précieux, le plus vulnérable, le plus secret de lui-même. L'intime est un sanctuaire que nous cachons précieusement du regard de l'autre, cet autre qui pourrait le piétiner de ses moqueries, de son jugement, ou le considérer avec trop de légèreté, négligeant le sacré, le fragile. L'intime est aussi le lieu de la honte, de l'inavouable, de l'indicible, de l'innommable. Pire que de ne pas être reconnus comme aimables, le risque est d'être exclus de la communauté des hommes, d'être vus comme indignes de nos semblables. L'angoisse provoquée est à la hauteur de la sanction redoutée. Ainsi, dévoiler notre intimité ne peut être qu'une éventualité, une possibilité. C'est pareil pour notre partenaire. Impossible de forcer la porte. Nous ne pouvons que lui laisser la liberté de choisir : se dévoiler ou garder son secret. C'est un chemin sur lequel nous ne pouvons qu'avancer pas à pas, sur la pointe des pieds, sur invitation seulement, en prenant soin de ne pas réveiller les peurs et les cauchemars. Cela demande de nous engager dans la relation sans projet, attente ni stratégie. Avec la seule précaution de laisser ouvert l'espace dans lequelle l'autre peut éventuellement décider de se montrer.

**Delphine: « J'ai découvert l'immense plaisir de goûter chaque instant, sans projet »**

« Ma rencontre avec Marc était étonnante. J'avais déjà eu des coups de foudre massifs, violents, envahissants. Mais cette fois-ci, c'était plus de l'ordre du frétillement, de l'eau qui ondule. Nous étions côte à côte au cinéma. J'ai bien aimé comme il riait, sa respiration, sa présence... C'était tout à fait inattendu pour moi d'être reliée à ma sensibilité, de m'écouter et d'avoir envie de lui proposer de boire un verre. Sauf que, quand la lumière s'est allumée : couic ! Le blanc total ! Impossible d'aller vers lui ! J'ai pu sentir comme faire le premier pas est difficile ! J'ai eu l'impression d'un saut dans le vide. Peur d'être ridicule, de ne pas savoir comment faire, d'être rejetée, jugée comme une femme qui cherche à coucher, qu'il ne me plaise finalement pas et de ne pas pouvoir reculer, etc. Et puis, dans la rue, j'ai vérifié : il était charmant. Alors je me suis lancée, d'une voix tremblotante : "Euh, excusez-moi, désolée, est-ce que ce serait possible éventuellement, si jamais..." Il m'a accueillie avec un grand sourire. Il m'a dit plus tard qu'en fait il m'attendait en faisant semblant de regarder un truc sur son téléphone. »

## Nous ouvrir à l'inattendu de l'autre, faire tomber nos préjugés

Pour que la rencontre advienne dans son inattendu, il est aussi indispensable de ne pas figer l'autre dans ce que nous croyons savoir de lui. De ne pas clore sa liberté d'être avec nos certitudes. La posture gestaltiste nous invite ainsi à avoir un regard neuf, déshabillé de jugement. Il s'agit de nous dégager de nos partis pris, de déconstruire les pseudo-évidences et les représentations fixées. Ou au moins d'en prendre conscience et de rester ouverts à la possibilité de nous tromper. Mettre nos présupposés et attentes de côté pour accueillir ce qui apparaît, dans l'entre-deux de la rencontre. Si cette mise entre parenthèses n'est jamais intégralement possible, nous pouvons tout de même tenter de tendre vers elle, d'y être vigilants.

C'est un exercice difficile. Inhabituel, voire incongru, tant nous sommes habitués à nous faire rapidement une opinion sur l'autre, quitte à le mettre dans une case bien trop étroite. Nous avons en effet appris, au cours de notre développement, à classer le monde en catégories pour lui donner une cohérence, un sens, un ordre, de la prévisibilité. Nous ne pouvons pas nous en empêcher. Cependant, l'autre (que c'est agaçant !) est rarement là où nous le pensons. Pour peu que nous allions véritablement à sa rencontre, il est toujours inattendu. Parce que nous sommes tous radicalement différents les uns des autres, « dans chaque personne que vous rencontrez, vous pouvez découvrir quelque chose que vous n'avez jamais rencontré auparavant[171] ». Non seulement cela nous invite à nous méfier de nos jugements intempestifs, mais aussi à entretenir notre capacité d'étonnement. Qui est cet autre ? C'est une question qui n'appelle pas de réponse, objecte Jacques Blaize. Si elle en trouvait, « cela voudrait dire qu'[il] n'existerait plus comme autre. L'autre n'est autre que sur fond d'une part de mystère non élucidable, faute de quoi il devient purement et simplement un objet. L'important n'est donc surtout pas d'obtenir des réponses, mais de rester mobilisés par ces questions à propos de l'autre[172]. »

Cela consiste à accueillir la diversité de nos vécus, à ne pas imposer notre interprétation ou signification. Le sens ne préexiste pas, il s'élabore dans une cocréation, dans une recherche de compréhension mutuelle. Nous avons pour cela besoin de clarifier nos croyances et de vérifier si elles sont opportunes. « Il a fallu que je déconstruise un tas d'*a priori* sur les hommes pour découvrir Alexis, admet Céline. Par exemple, j'ai vite compris que l'interprétation que je collais sur

171. Frank M. Staemmler, *Cultiver l'incertitude*, *op. cit.*
172. Jacques Blaize, *Incertitudes et évidences de la gestalt-thérapie*, *op. cit.*

son comportement lorsque, par exemple, il était silencieux ou en retrait, n'était pas juste. Elle appartenait à mon père, à mes frères, ou à une idée que je m'étais faite des hommes, mais n'avait rien à voir avec lui. Alors que j'imaginais de la mauvaise humeur, une brouille, une rupture, c'était pour lui un besoin de se retrouver pour mieux revenir vers moi ensuite. » Entrer dans l'expérience particulière de l'autre, dans son histoire, c'est « reconnaître sa singularité, son irremplaçabilité et être séduit par sa liberté[173] », ajoute la philosophe et psychanalyste Cynthia Fleury. C'est aussi nous dégager des stéréotypes culturels et/ou de genre qui nous empêchent de voir l'autre dans son originalité. « Avec Marc, j'ai réalisé comme j'étais ambivalente vis-à-vis du modèle de l'homme dominant, confie Delphine. À la fois je sortais d'un couple traditionnel (l'homme qui gagne de l'argent et qui décide) dont je pensais ne plus vouloir et, en même temps, découvrir qu'il avait un petit salaire, s'investissait peu dans son travail, me considérait réellement à parts égales, ça a été difficile à accueillir. Et douloureux de constater comme cela me fragilisait ! Je m'en voulais, je me trouvais nulle ! Il m'a fallu du temps pour réviser mes schémas, intégrer que son activité artistique, par exemple, avait beaucoup plus d'importance pour lui que son boulot. J'ai également découvert que je pouvais avoir un impact sur l'autre. Quand je dis un truc, c'est incroyable, il le prend en compte ! Si quelque chose dans notre relation ne me convient pas, on en parle, on cherche ensemble comment faire autrement. Il m'entend, m'écoute, ne me dénigre pas. On existe ensemble. C'est merveilleux. »

Nous nous laissons ainsi la possibilité d'apprendre à connaître l'autre. La connaissance, reprend Cynthia Fleury, « est un acte de présence. C'est retrouver le regard de l'enfant sur une chose qu'il n'a jamais vue, se remettre dans cette position d'accueil inaugural, même face à ce que nous croyons connaître par cœur[174] ». Cela n'est possible

173. Cynthia Fleury, citée par Cécile Guéret, « Faut-il admirer l'autre pour l'aimer ? », *op. cit.*
174. *Ibid.*

que si nous pouvons nous décentrer de nous-même et percevoir autrui tel qu'il est. Avec sollicitude et respect. Avec un intérêt authentique, une curiosité ouverte. Cela demande, il est vrai, une certaine disponibilité, la création d'un espace interne suffisant pour accueillir le monde de l'autre. Mais, très vite, cela rend heureux. Vraiment heureux. Quel bonheur en effet d'être témoin de la richesse de l'autre, de s'émerveiller de sa manière si particulière de percevoir le monde et de son inimitable façon d'être. Comme c'est bon et nourrissant de nous découvrir mutuellement. Quel honneur ! Quelle chance de nous rencontrer véritablement !

Ce regard dépouillé, épuré, candide, offre aussi un potentiel de changement : il permet à l'autre de se raconter autrement, de ne pas être figé dans ce que nous croyons savoir de lui, et donc d'être libre. Exister, c'est changer. Chaque matin, un nouveau soleil se lève, nous ne sommes pas tout à fait les mêmes que la veille. Appuyés sur une conception de l'homme en perpétuelle évolution, une identité impermanente, il s'agit de « délaisser les représentations sécurisantes pour s'ouvrir à l'émerveillement de l'inattendu[175] ». Cela nous donne la possibilité de nous tromper, d'aller vérifier auprès de l'autre et de nous laisser surprendre. Et réciproquement, car l'autre nous donne, à nous aussi, l'opportunité de ne pas nous cantonner à ce que nous savons de nous-mêmes, et d'avoir accès à la nouveauté, ce que nous ne savons pas encore.

175. Chantal Masquelier-Savatier, *Comprendre et pratiquer la gestalt-thérapie, op. cit.*

### EXERCICE

**(Re)découvrez cette personne que vous connaissez si bien**

Profitez d'un moment passé avec quelqu'un que vous fréquentez depuis longtemps pour exercer votre regard à la nouveauté. Avec cet oncle, cette sœur, cet ami de vingt ans que vous pensez connaître sur le bout des doigts par exemple, essayez de le regarder aujourd'hui comme si c'était la première fois. Non pas en jouant la comédie, en faisant semblant de le rencontrer, mais en ouvrant en vous un espace de curiosité, en secret, sans le lui dire. Aviez-vous remarqué qu'il avait cette mimique lorsqu'il soupire? Qu'il parle avec ce rythme-là, assez lent ou au contraire fort rapide? Qu'il triture sa fourchette alors qu'il raconte quelque chose d'intime? Émerveillez-vous de sa façon d'être, de voir le monde, des anecdotes qu'il/elle raconte. Ce peut être en vous disant intérieurement: «Ah, il vit les choses comme ça, lui!», comme une manière de soutenir pour vous-même votre élan de curiosité. Prêtez attention à ce qui apparaît de nouveau, d'inattendu entre vous. Est-ce que vous sentez que quelque chose de votre relation s'en trouve modifié? Avez-vous l'impression d'être différent en sa présence (plus libre, plus gai, plus empathique, par exemple)?

Il s'agit, pour reprendre la jolie formule de Jacques Blaize, de « ne plus savoir[176] » et, en restant authentiquement curieux de notre interlocuteur, de ne pas passer à côté de son expérience singulière, ne pas interpréter ses mots selon notre propre vision ou selon une signification commune, mais d'entrer dans son monde. Avec délicatesse, tendresse, affection. Avec conscience de sa préciosité et de notre immense responsabilité à prendre soin de l'intimité qu'il nous dévoile. À l'extrême, c'est refuser

176. Jacques Blaize, *Ne plus savoir: phénoménologie et éthique de la psychothérapie*, *op. cit.*

d'être dans une conception utilitariste de l'autre qui l'obligerait à confirmer nos croyances (sur nous, sur les hommes, les femmes, le couple...) ou le forcerait à satisfaire nos attentes, nos besoins. Bien sûr, dans la rencontre avec l'autre, nous pouvons vivre des surprises que nous serions tentés d'appeler « désillusion ». Lorsque nous comprenons qu'il n'est pas la personne parfaite que nous avions fantasmée, que nous le voyons un peu plus tel qu'il est, libéré de nos désirs et de nos projections, avec ses défauts et ses insuffisances. C'est le moment où, déçus ou déstabilisés, nous pouvons l'accuser de nous avoir menti. Mais c'est aussi celui où nous pouvons, au contraire, décider de nous « engager, avec l'autre, dans une création que nous ne connaissons pas à l'avance, où nous prenons le risque de trouver du bon, du beau, mais aussi de l'ombre, des choses désagréables et déstabilisantes[177] », propose le gestalt-thérapeute et psychologue clinicien Yves Mairesse. Bien sûr, ce n'est ni dénué de souffrance, de risque, ni évident. Mais c'est magnifique car, annonce Cynthia Fleury, « la désillusion va avec la connaissance de l'autre[178] ». Derrière l'illusion se trouve « la réalité de l'autre, sa singularité, sa grâce ». Avec ses aspérités, ses difficultés, ses failles, nous découvrons l'histoire de notre partenaire, sa profondeur, sa sincérité et sa grandeur. Ce faisant, nous pouvons accepter, à notre tour, de descendre de notre piédestal, de montrer nos vulnérabilités et de nous dévoiler à notre tour dans toute notre complexité. « Traverser sous le regard de l'autre des moments de honte, sans avoir peur de perdre son amour, nous fait entrer dans une relation authentique. Pour le meilleur et pour le pire, mais pour un pire dont l'amour ne peut se passer, à moins d'être un simulacre[179] », reprend Yves Mairesse. La rencontre et la relation amoureuse se colorent ainsi d'estime, d'acceptation sans réserve de la vérité de l'autre. Elle met à jour une dimension essentielle de la relation humaine et du couple à venir : le soutien.

177. Yves Mairesse, cité par Cécile Guéret, « Faut-il admirer l'autre pour l'aimer ? », *op. cit.*
178. Cynthia Fleury, citée par Cécile Guéret, « Faut-il admirer l'autre pour l'aimer ? », *op. cit.*
179. Yves Mairesse, cité par Cécile Guéret, « Faut-il admirer l'autre pour l'aimer ? », *op. cit.*

## Nous engager dans la rencontre, faire le pari de la coexistence

« Les hommes que j'ai rencontrés m'ont beaucoup dit qu'ils n'arrivaient pas à savoir qui j'étais, raconte Stéphanie. J'avais tellement la trouille de leur regard, du pouvoir que je les imaginais avoir sur moi, de ne pas leur plaire… J'étais incapable de m'affirmer. Je parlais peu, des discussions très formelles, et je ne laissais pas passer grand-chose. J'étais trop occupée à me demander ce qu'ils pensaient, ce qu'ils aimeraient que je dise ou fasse. Il a fallu que je me recentre, que j'apprenne à dire qui j'étais, ce dont j'avais envie, pour que les rendez-vous soient moins ennuyeux. » À trop vouloir nous ouvrir à l'inconnu et accepter la surprise, nous devons en effet faire attention à ne pas nous perdre. L'accueil et l'acceptation de l'autre ne sont pas inconditionnels ni à nos dépens. Ils s'arrêtent à ce que nous pouvons supporter, assimiler.

Il s'agit d'être pleinement là, à la fois dans un mouvement vers l'autre pour le rejoindre, une attention portée à l'autre pour le comprendre et respecter son intégrité, mais aussi une attention à nous-mêmes pour ne pas disparaître. Sujet à part entière, solide, consistant, avec nos demandes, nos envies, nos besoins, dont il est de notre responsabilité de les faire respecter. Rester conscients de nous comme individus séparés. « Il est vrai que pour sortir vers l'autre, on doit connaître intimement le lieu de départ. On doit avoir été chez soi, être chez soi[180] », ajoute le philosophe Martin Buber. Exister face à l'autre, sous son regard, c'est aussi accepter d'être vus dans notre unicité et notre complexité. « C'est parce que je m'engage avec ma singularité que l'autre peut me voir[181] », ajoute Jacques Blaize. Respect de l'autre et de soi ; présence à soi et à l'autre.

180. Martin Buber, *Je et Tu*, Aubier, 1923.
181. Jacques Blaize, *Incertitudes et évidences de la gestalt-thérapie*, *op. cit.*

## EXERCICE

### Observez comment vous vous tenez face à l'autre

Profitez d'une conversation pour observer comment vous vous tenez face à l'autre. Lorsque vous parlez avec ce collègue, cette amie, ce cousin ou ce commerçant, êtes-vous un peu penché en avant, en arrière, droit comme un « i » ? Sentez-vous un mouvement d'élévation ou avez-vous l'impression de rapetisser, de vous tasser ? Quelle distance mettez-vous ? Penchez-vous d'un côté, imperceptiblement ? Agrippez-vous vos bras l'un à l'autre ? Vous appuyez-vous contre quelque chose ? Ne cherchez pas en tirer des explications trop hâtives : observez simplement, c'est déjà beaucoup.
Regardez si cela évolue au fur et à mesure de la conversation. Est-ce pareil avec un homme ou une femme ? Avec quelqu'un qui vous impressionne ou en qui vous avez confiance ?
Et si vous modifiez légèrement votre manière de vous tenir (en vous éloignant un peu par exemple, ou en relâchant les épaules, en équilibrant votre poids sur vos deux jambes…), vous sentez-vous plus à l'aise, plus visible, plus considéré ? Avez-vous l'impression de prendre trop de place ou, au contraire, de vous cacher ? Faites l'expérimentation dans plusieurs situations et voyez si cela change votre manière d'être présent dans la relation.

Être engagés dans la relation à l'autre fait appel à notre intégrité. Il s'agit de ne pas nous défiler, de persister dans notre manière d'exister. D'accueillir la façon dont cette rencontre nous affecte. De reconnaître que nous avons de l'impact sur l'autre. « C'est être comme ce plongeur qui décide, avec son corps tout entier, de pénétrer les profondeurs de l'eau, et dans un même temps qui accepte de se laisser ressentir ce que le contact avec cette matière qui le recouvre lui fait vivre[182] »,

182. Marie-José de Aguiar, « Pas de deux », *Gestalt*, n° 45, janvier 2014.

explicite Marie-José de Aguiar. Une présence alliant fermeté à être soi et possibilité d'être émus, troublés par autrui. « S'engager c'est accepter d'exprimer des ressentis, des émotions, nouveaux, non prévus, non contrôlés, et qui engagent, car ce que nous misons avec l'autre a de la valeur. [...] Ne pas rester sur ses hauteurs et sauter dans le grand bain pour être dedans et non sur le bord[183] », reprend-elle. C'est être pleinement et honnêtement partie prenante de la rencontre.

Nous ne sommes pas des observateurs extérieurs du monde qui se déroule sous nos yeux. Nous en faisons partie. Il nous modifie et nous le modifions ; il nous crée et nous le créons ; il nous affecte et nous l'affectons. « Sortir de l'exclusion "Ou toi ? Ou moi ?" pour tenir le pari d'une coexistence possible "ET toi, et moi[184] !" », précise Chantal Masquelier-Savatier. C'est une présence à la fois active et passive, un dévoilement qui est aussi un « aller vers » pour rejoindre l'autre et, ce faisant, être rejoints là où peut-être personne n'a jamais pris la peine de nous retrouver. C'est la condition de la rencontre pleinement vécue. « C'est bon d'entrouvrir la porte », me confie ainsi Isabelle dans un soupir plein de larmes, alors qu'elle retrouve la possibilité de s'investir dans une amitié sans craindre d'être manipulée.

---

183. *Ibid.*
184. Chantal Masquelier-Savatier, *Comprendre et pratiquer la gestalt-thérapie, op. cit.*

**La difficile coexistence**

Il peut sembler incongru que le thérapeute « existe » dans la séance. Qu'il ne soit pas qu'une caisse d'enregistrement, un mannequin impassible, laissant seulement échapper des « hum, hum » de temps en temps. Dans une perspective gestaltiste, cependant, le trouble psychique est vu comme une envie de contact qui n'a pas pu aller jusqu'à sa réalisation. « [Il] surgit à l'intérieur d'une relation, il se manifeste et se réactive dans l'incapacité d'avoir dans l'ici et maintenant des relations valables, et est soigné à travers et à l'intérieur d'une relation réparatrice[185] », détaille le psychologue et psychothérapeute Giovanni Salonia.

Il a fallu cependant plusieurs séances à Mariama pour considérer qu'elle n'était pas toute seule dans la pièce. Lorsque j'osais dire quelques mots, elle me regardait avec étonnement, les sourcils froncés, dérangée dans ses associations d'idées. « C'est difficile pour moi que vous existiez au même moment que moi », me dit-elle un jour, en toute franchise. « J'ai besoin de ma bulle, de mon espace rien qu'à moi. » Sinon ? « Je n'aurais pas le droit d'exister en même temps que vous. Soit c'est vous, soit c'est moi. Et comme je me sens toujours inférieure, pas légitime, je vais vous laisser toute la place... » En l'entendant, j'ai senti ma respiration s'amplifier, se libérer et les muscles de mon visage se relâcher. Une chaleur et une émotion commençaient à poindre pour moi. J'étais touchée, je le lui ai dit. Elle a pris un air paniqué, désolée de me faire vivre quelque chose qu'elle supposait désagréable et inadapté à mon rôle de thérapeute. Il a fallu plusieurs mois pour qu'elle puisse envisager que ça ne me soit pas pénible d'être émue avec elle. Que j'aimais me sentir vibrer en sa présence, vivante, impactée et que cela me rendait d'autant plus curieuse d'elle. Peu à peu, nous ouvrions les portes de la coexistence.

185. Giovanni Salonia, « Changements sociaux et malaises psychiques : les attaques de panique dans la post-modernité », *in* Gianni Francesetti (dir.), *Attaques de panique et postmodernité : perspectives cliniques et sociales de la gestalt-thérapie*, L'Exprimerie, 2009.

Sauf à avoir en face de nous une personnalité perverse, nous pouvons faire le pari d'un cercle vertueux. Gager que lorsque nous nous tournons authentiquement vers l'autre, lorsque nous nous intéressons à lui sans nous perdre, nous grandissons ensemble. La délicatesse, la prévenance, le respect s'entraînent mutuellement. Dans la mesure où « nous entreprenons d'aider l'autre à devenir pleinement vivant lors de l'instant que constitue la rencontre », avance Irvin Yalom, « nous devenons aussi plus vivants. Nous sommes transformés, enrichis, accomplis, et notre isolement existentiel s'en trouve amoindri. L'affection renvoie de l'affection[186]. »

**« Nous sommes tous nés pour briller »**

« Notre peur la plus profonde n'est pas que nous ne soyons pas à la hauteur. Notre peur la plus profonde est que nous soyons puissants au-delà de toutes limites. C'est notre lumière et non nos ténèbres qui nous effraient le plus. Nous nous demandons : "Qui suis-je pour être brillant, magnifique, talentueux et fabuleux ? En fait, qui es-tu pour ne pas l'être ? [...] Te restreindre et voir petit ne rend pas service au monde. Il n'y a rien de brillant à se diminuer afin que les autres ne puissent pas se sentir menacés autour de toi. Nous sommes tous nés pour briller, comme des enfants le font. [...] Alors que nous laissons notre propre lumière briller, inconsciemment, nous donnons aux autres la permission d'en faire de même. Alors que nous nous libérons de notre propre peur, notre présence libère automatiquement les autres. »

Extrait du livre *Un retour à l'amour* de Marianne Williamson aux éditions J'ai lu, 2010 [1re éd. 1992].

186. Irvin Yalom, *Thérapie existentielle*, *op. cit.*

Cela demande, indéniablement, une certaine audace. Mais aussi, une humilité, une franchise, une sincérité. Une simplicité à être soi. Pas plus, pas moins : soi. C'est tout de même un danger. Car être vraiment là, en relation avec l'autre, est une posture très impliquante. Cela peut être insupportable si cela nous fait prendre conscience que nous avons manqué de tels moments d'accueil. Si nous avons tant été rabroués, humiliés, empêchés d'exister pleinement auparavant.

« Avec ma compagne, j'ai l'impression d'être précieuse. D'avoir de l'importance. D'être quelqu'un qui compte, constate ainsi Sylvette. J'arrive même à lui dire quand je ne suis pas d'accord avec elle », s'amuse-t-elle, n'en revenant pas de sa témérité. Car nous positionner, c'est aussi nous différencier, risquer de déplaire. D'être ignorés, peu considérés, rejetés, moqués... Honte de nous montrer tels que nous sommes, d'être repoussés dans notre entièreté, niés, répudiés. Pire encore : d'être humiliés dans notre désir d'intimité, que nos tentatives de rejoindre l'autre et d'être rejoints par lui ne soient pas comprises, soient négligées ou discréditées. « C'est un peu comme si on faisait l'expérience de se sentir victime de dérision quand on est nu[187] », affirme la psychologue et gestalt-thérapeute Margherita Spagnuolo-Lobb. D'où le vertige qui parfois nous assaille lorsque nous aimerions aller vers l'autre. Pour autant, parce que nous courons aussi le risque de véritablement le rencontrer et d'être accueillis par lui, faire le pari de la coexistence est un péril autant qu'une chance.

---

187. Margherita Spagnuolo-Lobb, *Le « Maintenant-pour-ensuite » :* now-for-next *en psychothérapie*, L'Exprimerie, 2016.

## EXERCICE

**Qui sont vos héros ?**

Faites la liste de dix de vos héros. Des personnes qui vous ont particulièrement marqué, que vous appréciez, vivants, morts ou imaginaires. Cela peut être un membre de votre famille, une figure historique, un personnage de BD, de la mythologie, un héros de roman, un sportif, un artiste... Pour chacun, écrivez un petit texte détaillant précisément pourquoi vous l'aimez, ses caractéristiques psychologiques, ses qualités, ses défauts. Peaufinez votre description, n'hésitez pas à le laisser reposer et à y revenir quelques jours après afin qu'il reflète le plus justement possible l'opinion que vous avez de chacun.
Voici deux exemples que j'ai choisis lorsque j'ai moi-même fait l'exercice :
- La fée Clochette : « Parce qu'elle est maligne et débrouillarde, et qu'elle a plus d'un tour dans son sac. Elle a plein de défauts : elle est rancunière, jalouse, méchante parfois, mais elle surtout fragile et se laisse dépasser par ses émotions. »
- Le Petit Prince : « Pour sa curiosité et la fraîcheur de son regard sur le monde. Pour sa capacité d'empathie, d'ouverture à l'autre et d'émerveillement. Et puis il se laisse apprivoiser par le Renard, alors qu'il pourrait n'y voir qu'un danger. Il me touche car il est aussi très seul. »
Attendez d'être sûr que le texte vous convient avant de continuer à lire ces consignes. Quand il vous semble prêt, lisez-le à haute voix en le mettant à la première personne. Vous reconnaissez-vous dans ce que vous lisez ? Pouvez-vous vous attribuer certaines de ces qualités, de ces forces, de ces talents ? Repérez-vous des défauts qui sont les vôtres, ou au moins une part d'ombre qui pourrait vous faire peur ? N'hésitez pas à le relire plusieurs fois, à y revenir dans quelques semaines, quelques mois, voire quelques années. Gardez-le précieusement. C'est un exercice souvent riche et émouvant.

## « Toute vie véritable est rencontre »

Cette posture d'ouverture à l'inattendu nous invite à une humilité qui peut s'avérer déstabilisante. Parce qu'elle nous demande de lâcher (au moins un peu) la rampe de nos certitudes, de ne plus tenter de contrôler l'autre, ni la rencontre. Et parce qu'elle nous confronte à notre profonde solitude existentielle. Car, si le seul accès que nous avons au monde, c'est la conscience que nous en avons, cela signifie que nous ne pouvons jamais vraiment savoir qui est l'autre. Nous ne savons de son expérience que ce qu'il veut bien nous confier. Nous ne pouvons pas dire qui il est (et encore moins parler à sa place !), nous pouvons simplement évoquer la façon dont nous sommes en train de le voir, ce que nous éprouvons en sa présence, en ce moment.

Pour le philosophe Martin Buber, nous avons le choix entre deux attitudes face au monde et aux autres. La première est celle du « Je » qui regarde autrui comme un « Cela », c'est-à-dire qui chosifie et objective le monde. Dans cette perspective, l'homme reste seul face au monde. « Le mot-principe *Je-Cela* ne peut jamais être prononcé par l'être entier[188] », écrit-il car, en faisant ainsi, nous ne participons pas au monde. Nous le regardons de loin, du haut de notre tour d'ivoire, sans l'atteindre ni être atteints. En restant distants des autres, en rationalisant la rencontre amoureuse, en cherchant à la comprendre plus qu'à la vivre, nous ne nous y engageons pas. La seconde attitude est celle du « Je » qui rencontre autrui comme une personne à part entière, un « Tu ». C'est là la véritable rencontre. Un acte total, par la grâce duquel chacun est confirmé dans son unicité, sa présence, son existence. « Chacun se rendant disponible à l'autre, chacun étant révélé par l'autre[189] », il se joue alors quelque chose de la reconnaissance ontologique. En effet, souligne Martin Buber, « une présence n'est pas quelque chose de fugitif et de glissant, c'est un être qui nous

188. Martin Buber, *Je et Tu*, *op. cit.*
189. Sylvie Schoch de Neuforn, *Un dialogue thérapeutique*, L'Exprimerie, 2000.

attend et qui demeure[190] ». Mais pour cela, encore faut-il reconnaître à l'autre son altérité. C'est parce qu'il nous est différent que nous avons tellement besoin de lui. C'est sa singularité que nous apprécions et que nous remercions. « Tant que l'amour est aveugle, c'est-à-dire tant qu'il ne voit pas la totalité d'un être », écrit le philosophe, c'est qu'il n'est pas encore soumis à cette notion fondamentale de la relation qu'est la réciprocité. « *Je* m'accomplis au contact du *Tu*, *Je* deviens *Je* en disant *Tu*[191]. »

**Lucile : « J'avais intégré l'idée que j'étais trop à part pour être en couple »**

« Pendant longtemps, j'ai couru après un modèle d'homme très précis. Je n'aurais jamais osé le dire aussi clairement, mais je ne me voyais pas être avec quelqu'un qui ne soit pas d'un milieu bourgeois comme moi, qui n'ait pas fait de grandes études, qui ne gagne pas bien sa vie. Sauf que ceux que je fréquentais me semblaient obnubilés par l'argent, le prestige, l'image sociale. Alors que j'étais préoccupée par l'écologie, les injustices, la lutte contre la pauvreté… Bref, ça ne collait pas du tout. J'en étais arrivée à me dire que j'étais trop sensible, que je ne trouverais personne qui puisse partager mes inquiétudes, comprendre mes combats. J'avais intégré l'idée que j'étais trop à part pour être en couple. Je n'étais plus désespérée d'être seule : je l'avais accepté. Par intégrité, pour arrêter de me mentir, d'essayer de me changer coûte que coûte. En renonçant, j'avais enfin l'impression de prendre soin de moi, de me respecter. Et puis j'ai rencontré Samuel. Il ne correspond en rien au modèle initial, mais nous partageons, profondément et intensément, les mêmes valeurs. Grâce à lui, je me suis enfin sentie légitime, reconnue. Assurée que mes colères étaient saines, que mon engagement avait un sens. »

190. Martin Buber, *Je et Tu*, *op. cit.*
191. *Ibid.*

La rencontre véritable nous fait transgresser nos propres limites et quitter la certitude que nous avons de nous-mêmes. C'est un dévoilement qui nous enseigne sur ce que nous ne connaissions pas de nous, parce que nous ne nous étions pas encore découverts dans cette rencontre singulière. « Toute relation vraie suppose que je sois affecté par l'autre. Rencontrer quelqu'un, c'est accepter qu'il me renvoie une nouvelle image de moi, donc de remettre à plat ce que je suis. En chacun de nous, une part d'inconnu se révèle alors. Cela peut être vécu comme un danger… Ou comme une promesse, car c'est en passant par cette rencontre avec l'altérité que nous nous révélons à nous-mêmes. C'est ce qui fait que chaque rencontre est unique et bouleversante[192] », confie la psychothérapeute Nicole Jeammet. « Je suis plutôt une fille sérieuse. J'ai du mal à comprendre le second degré, les blagues, les sous-entendus… L'humour n'est pas mon fort ! témoigne Céline. Du moins, c'est ce que je croyais. Car, avec Alexis, je suis beaucoup plus rigolote que ce que je pensais. Il me fait rire et c'est réciproque ! Je n'ai jamais autant fait le clown que depuis que nous sommes ensemble ! »

**« Ce sont les autres qui me livrent – souvent à leur insu – la clé de mon énigme »**

« Chaque rencontre nous réinvente illico – que ce soit celle d'un paysage, d'un objet d'art, d'un arbre, d'un chat ou d'un enfant, d'un ami ou d'un inconnu. Un être neuf surgit alors de moi et laisse derrière lui celui qu'un instant plus tôt je croyais être. La rencontre fait résonner en moi des modes et des tons que je n'avais pas perçus jusqu'alors. C'est par la rencontre que dans cet amas diffus, cette nébuleuse que par commodité j'appelle moi, s'éclairent et se regroupent les constellations. […].
Par un mystère impossible à élucider, ce sont précisément toutes les rencontres d'une vie qui nous font peu à peu *advenir*. Chaque

192. Nicole Jeammet, citée par Cécile Guéret, « Refuser de s'attacher, c'est se priver d'un miroir », *Psychologies Magazine*, n° 320, juillet-août 2012.

rencontre me livre d'étrange manière, tantôt une lettre, tantôt un mot, tantôt une virgule, un blanc qui, peu à peu, mis bout à bout, vont composer le libellé d'un message à moi seule adressé. Ou mieux encore : chaque rencontre ardente détient une pièce biscornue du puzzle qui finira par me composer une vie et qui, avec la multiplication des pièces disposées, va lentement, dans un dégradé de couleurs, laisser apparaître les grands contours, les grands thèmes de ma destinée. Et ce sont les autres qui me livrent – souvent à leur insu – la clé de mon énigme. »
Extrait du livre *Éloge du mariage, de l'engagement et autres folies* de Christiane Singer, aux éditions Albin Michel, 2000.

Se donner l'opportunité de rencontrer véritablement l'autre est une décision. Il s'agit de le vouloir, d'en prendre la ferme résolution. C'est aussi une éthique, une détermination à déployer la relation, à ne pas se contenter de peu. « C'est une générosité, une aristocratie au sens de "donner le meilleur de soi" en reconnaissant la valeur de l'autre. Elle anoblit ceux qui la vivent[193] », souligne Cynthia Fleury. Ce mouvement hors de soi, vers l'autre, nous met dans une relation d'alter ego et nous élève. Bien sûr, cette exigence portée sur la relation n'est pas toujours possible – point d'idéalisme ici –, mais c'est un horizon vers lequel tendre. C'est une étincelle, un miracle, un moment de grâce. « Comme une prière qui aurait été exaucée ». Une « douce fulgurance[194]. » Instant suspendu, épais comme de la crème. Sentiment d'une compréhension intime, silencieuse. L'évidence d'être ensemble, chacun accueilli dans sa singularité. Si différents, si proches. « L'espace d'un instant vous êtes, vous et lui, unis par cette affectation commune, par cette onde, ce frisson, cet émoi. Cet émoi devenu émotion, complicité, union, parole, sens. Le temps

193. Cynthia Fleury, citée par Cécile Guéret, « Faut-il admirer l'autre pour l'aimer ? », *op. cit.*
194. Jean-Marie Delacroix, *La Troisième Histoire. Patient-psychothérapeute : fonds et formes du processus relationnel*, Éditions Dangles, 2006.

s'est arrêté. Pendant une fraction de seconde, vous avez senti frémir en vous l'éternité. L'éternité partagée[195] », écrit le psychologue clinicien et gestalt-thérapeute Jean-Marie Delacroix. À cet instant précis, le sens de la vie ne se pose plus : nous sommes existentiellement confirmés[196]. « Toute vie véritable est rencontre », annonce ainsi Martin Buber[197]. Quelque chose est intensément touché et c'est infiniment bon. Nous en ressortons pleins de la présence de l'autre. Nous sommes nourris de ce supplément d'âme, d'un gain d'humanité. Une lumière s'est allumée. Faiblarde peut-être, pour le moment, mais tenace, entêtée, déterminée à s'installer et à faire de la place. Et qui s'est donné comme mission de briller en nous comme un joyau. Car la rencontre véritable nous change. Même vécue brièvement, elle s'imprime profondément. Elle laisse une trace comme une attente, une soif, une envie de la connaître encore. Elle nous rappelle qu'elle est possible, que nous en valons la peine, que le risque en vaut la chandelle. Assurés de l'avoir déjà connue, nous pouvons alors tenter l'aventure encore une fois, sentir comme c'est bon à nouveau. Nous avons moins peur. Et d'une rencontre à l'autre, l'empreinte se dépose en nous plus intensément, fait socle, étayage. Nous savons comme le lien à l'autre peut être fort, comme cette intimité est bonne. Comme elle nous rend fiers d'exister et d'avancer dans le monde.

195. *Ibid.*
196. Sylvie Schoch de Neuforn, *Un dialogue thérapeutique*, *op. cit.*
197. Martin Buber, *Je et Tu*, *op. cit.*

# Conclusion

La rencontre amoureuse ne se laisse pas saisir par une formule magique. Point de recette miracle ni de protocole disponible. Impossible de la prévoir, de la contrôler, de l'enserrer dans un savoir. Elle ne peut être qu'inattendue. Vouloir la maîtriser, c'est risquer de la clore, d'en figer le mouvement, la vie, l'exceptionnalité. En amour, écrit la romancière Christiane Singer, « tout échappe par nature aux généralités, aux opinions, aux lois, aux théories. Tout nous place sur un fil raide et nous enjoint d'avancer. Que notre front se mouille ou non de sueur n'y change rien. Rien n'en est simplifié ni allégé pour autant. Il n'y a pas de cours pour débutants[198] ». Une seule possibilité : une fois fortifié d'un minimum de sécurité, avoir confiance que nous pouvons y aller. Nous laisser emmener. Par nous-même, par l'autre, par la situation. Car aimer, c'est aller vers la surprise. Surprise de la rencontre nécessairement inouïe, unique, étonnante. Cette rencontre qui nous fait vaciller, qui bouleverse un équilibre que nous pensions conquis. Chambardement de notre être, cœur et corps, de nos habitudes, de nos projets, de notre avenir. Surprise de la rencontre avec nous-mêmes tels que nous nous dévoilons, nous révélons et nous découvrons dans cette relation singulière.

198. Christiane Singer, *Éloge du mariage, de l'engagement et autres folies*, *op. cit.*

Surprise face à l'inattendu de l'autre, ses aspérités, ses failles, son histoire. Surprise enfin de cette nouvelle aventure dans laquelle nous trouvons du bon, du beau, mais aussi de l'ombre, des choses désagréables ou déstabilisantes. Aimer, c'est prendre le risque de la surprise.
Sauf que nous y exposer n'est pas si facile. Nous sommes en effet tiraillés entre le rêve de l'événement qui nous chamboulerait, nous emporterait loin des rives de notre familier… et agrippés à notre besoin de certitudes. Chats échaudés, craintifs ou peu assurés de nous-mêmes, nous redoutons quand les eaux se troublent, que nous n'y voyons plus clair, que le courant forcit et nous déstabilise. C'est toute notre ambivalence. Nous voudrions l'aventure, mais au coin de la rue, sans trop de dépaysement. Pouvoir revenir fissa si le temps se gâte. Papillons, frissons et palpitations, dans la chaleur d'un quotidien bien apprivoisé. *Exit* secousses et haut-le-cœur. Et, si possible, que du bonheur. Alors, en attendant le coup de foudre, nous nous rassurons dans une vie régulière, maîtrisée, tranquillisante. C'est doux, c'est rond, c'est calme. C'est bon, c'est tellement bon. C'est connu, archi-connu. Pas de surprise possible. Pas trop de liberté, de fantaisie, de folie non plus. Peut-être même, au bout d'un moment, un soupçon d'ennui, de vide, de morosité. Et le danger que cette routine confortable nous mette peu à peu à l'écart. Qu'elle ne constitue plus une base solide pour aller vers le monde, pour déployer notre curiosité, notre créativité, mais qu'au contraire elle nous insularise. Qu'elle devienne si moelleuse qu'il nous faudrait de trop grands efforts pour nous en extirper. Ou que, de plus en plus cernés par l'incompréhension, le désarroi, la peur, nous ne sachions plus comment aller vers l'autre. Que le cocon se fasse prison.

Nous espérons pourtant, nous essayons. Pas de résignation, ou alors passagère, et hop, nous y croyons à nouveau, le sourire en étendard et le cœur en bandoulière. Nous nous accrochons à la foi qu'elle va arriver, cette fameuse rencontre. Elle va bien finir par tomber ! Nous cherchons à comprendre aussi. Percer le mystère de notre détresse amoureuse, en trouver l'origine, la clef, tisser des fils entre les effets et les causes supposées. Nous interrogeons notre histoire, notre lignée, le destin, la fatalité. Et plongeons parfois dans l'auto-flagellation, le dénigrement. S'il faut trouver un coupable, c'est peut-être nous ? Nous tentons de changer, de nous améliorer, de nous optimiser. Être plus désirables, plus disponibles. Ou l'inverse, tellement nous n'y comprenons plus rien, ça pourrait tout aussi bien marcher ! Saucissonnés par des injonctions contradictoires, pris entre des attentes traditionnelles (fidélité, sécurité, stabilité émotionnelle…) et de nouvelles normes (liberté, confirmation narcissique, soutien à la réalisation de soi, authenticité…), nous investissons la rencontre d'espoirs discordants. L'idéal romantique est haut, très haut placé. Et, sur nos épaules, le poids est bien trop lourd, injuste et cruel à porter.

Sans évacuer notre responsabilité à nous emparer de notre existence, il est indéniable que la souffrance amoureuse est trop communément partagée pour n'être imputée qu'à nos difficultés individuelles. Nous sommes en effet empêtrés dans des lois sociologiques qui nous dépassent et dans des scénarios fictionnels qui recouvrent la réalité de clichés, empêchent d'en savourer l'originalité. Si bien qu'entre le rêve et la vraie vie, nous sommes perdus. Désorientés, désemparés. Et fragilisés. Privés de notre boussole intérieure que constituent nos ressentis et nos émotions, confrontés à la difficulté que nous avons de saisir notre identité, au besoin d'être liés à l'autre tout en craignant d'être étouffés, ignorés, rejetés ou humiliés. La rencontre en devient vertigineuse. Elle nous plonge dans une telle vulnérabilité que nous préférons parfois la fuir ou la saboter. En niant son inattendu, en la colorant de l'échec passé ou de la catastrophe à venir, en réduisant sa nouveauté à du « déjà vu, déjà prévu », en la quadrillant si serrée qu'elle ne peut plus respirer… Autant de mécanismes de contrôle par lesquels nous espérons modérer notre angoisse. Sauf que l'angoisse est toujours là. Et que la rencontre ne se fait pas. Car, en la cloîtrant dans les clous de nos certitudes, c'est nous-mêmes que nous enfermons. C'est la vie que nous rapetissons. Coupés de l'étonnement comme de l'émerveillement, nous nous absentons de notre existence. Nous marchons à côté.

Comment nous tranquilliser suffisamment pour nous entrouvrir à la nouveauté ? Comment faire nos premiers pas vers l'inattendu ? Le chemin que je propose est un sentier buissonnier, au plus près de notre complexité humaine, de son imprévisibilité. C'est un changement de posture et de regard sur nous-mêmes, sur l'autre, sur le monde. Un acte de présence, une exigence, certes, mais aussi une promesse. Une décision, une vigilance, un apprentissage. C'est à la fois délicat et très important, infime et fort concret. Pas toujours facile, certes, mais tellement bon ! Car c'est aussi un relâchement, un soulagement, un apaisement. Le droit à la légèreté et au bonheur, la confiance et la liberté retrouvée. Une transformation de fond, à bas bruit, comme une rivière souterraine, mais dont le joyeux murmure et l'indispensable fraîcheur sont bien là, tout près, et dans laquelle nous pouvons déjà nous baigner. Il n'y a plus rien à faire, à savoir, à chercher. Il y a juste à être.

Quelque chose va arriver. Cela n'aura peut-être pas la forme prévue, la musique espérée, le scénario imaginé, mais quelque chose va émerger : la nouveauté. C'est d'abord revenir à nos éprouvés, recontacter nos émotions, nos désirs, nos besoins pour nous orienter sereinement dans l'environnement. Embrasser notre responsabilité à exister, nous donner l'autorisation de nous rencontrer véritablement, au-delà des clichés, des injonctions, des loyautés, des attentes qui pèsent sur nos épaules. Nous réapproprier notre histoire et choisir ce que nous en faisons. C'est ensuite nous tourner vers l'autre avec une authentique curiosité. Avoir conscience de sa préciosité. Respecter ses silences, son espace, son mystère, son étrangeté, son opacité. Son irremplaçabilité. Sortir d'une perspective individualiste, de l'illusion de l'autosuffisance pour considérer le soutien mutuel, le fait que nous advenons à nous-mêmes dans une relation d'alter ego. Faire le pari de la coexistence qui nous affecte, nous émeut, mais ne nous fait pas disparaître. C'est enfin laisser venir les flottements, les hésitations, les doutes. Prendre le temps de la découverte et de l'apprivoisement. Ne pas enfermer l'autre ou notre vécu dans des *a priori*, des définitions sous plastique. Lâcher le projet volontaire. Nous rendre disponibles à ce qui est à l'œuvre et qui nous échappe, au moins provisoirement. Une cocréation que nous élaborons ensemble, peu à peu, et dont la forme sera nécessairement unique et originale, jamais vue auparavant. C'est ouvrir un espace nouveau, inconnu : celui du couple que nous inventons ensemble. Avec encore plein de surprises à venir. Car, main dans la main, dans cette relation qui s'élabore tranquillement, s'approfondit et s'épanouit, l'émerveillement nécessite encore d'être soutenu, nourri, déployé. « Le plus grand travail de l'homme, c'est d'aimer. C'est une création de chaque jour, notre chef-d'œuvre, notre artisanat premier[199] », affirme Cynthia Fleury. Ce n'est jamais gagné. Il nous faut rester aux aguets, nous méfier des certitudes qui menacent, restreignent et enferment. Dans la rencontre amoureuse comme dans le cheminement du couple, dans l'instant comme dans la durée, c'est grâce à la nouveauté, au mouvement, à l'inattendu que nous restons vivants intérieurement. Rien n'est figé, tout est possible : nous sommes en vie.

199. Cynthia Fleury, citée par Cécile Guéret, « Faut-il admirer l'autre pour l'aimer ? », *op. cit.*

# Méthodologie

Cet ouvrage est le résultat d'une enquête menée de 2013 à 2019. Elle part d'une interrogation personnelle et s'appuie sur une recherche approfondie, sur ma pratique de psychopraticienne ainsi que sur celle de collègues qui ont eu la générosité de partager avec moi leurs réflexions. Les cas cliniques sont précautionneusement modifiés et anonymisés afin de respecter l'entière confidentialité de ce qui se partage en séance.

Cette enquête se fonde aussi sur de nombreuses interviews de témoins, dont certains prénoms ont été modifiés à leur demande. Ils habitent partout en France et sont tous adultes. Certaines interviews ont été faites sur des points précis, tandis que d'autres ont été menées dans un temps long, afin de pouvoir laisser le propos cheminer et la surprise advenir. Quelques-unes ont été menées en deux fois, à plusieurs années d'intervalle, ce qui nous a permis de regarder ensemble ce qui avait été mis en mouvement, ce qui avait changé, et ce qui était resté identique. Pour ne pas trahir leur expérience par mon interprétation, ils ont eu la possibilité de relire et clarifier, si besoin, leur propos.

# Remerciements

Merci…

À Mallory, Léopoldine et Célestine pour leur joie de vivre et toutes les belles surprises qu'ils me réservent, faisant de mon existence un immense bonheur.

À mes parents, mes frères et mes amis, pour leur présence si précieuse.

À Laure Paoli pour son enthousiasme et Clémentine Dubernet pour ses commentaires constructifs, tout en délicatesse.

À Anne-Laure Gannac, Christilla Pellé-Douël, Flavia Mazelin Salvi, Flavie Flament, Alexandra Polaczyk et Céline Bonnet pour leur soutien et leurs encouragements.

À mes collègues, en particulier Marie-José de Aguiar, Marc Bittar, Jean-Paul Iva et Priscille du Jonchay pour nos échanges stimulants.

À Jacques Blaize pour sa générosité et sa malice. À Maria do Couto et Isabelle Le Peuc'h pour leurs conseils bienveillants et leur présence chaleureuse.

À Daniel Grosjean pour la mise au jour des héros qui m'animent.
À Yves Mairesse pour avoir éveillé ma curiosité sur ce thème.

A celles et ceux qui ont accepté de témoigner, souvent longuement, pour enrichir ce travail.

Aux personnes que j'accompagne en psychothérapie, pour leur magnifique complexité et les moments de grâce partagés.

À mes formateurs, superviseurs et aux auteurs qui nourrissent mes réflexions et ouvrent mon horizon.

# Bibliographie


Aguiar Marie-José de, « Pas de deux », *Gestalt*, n° 45, janvier 2014

Ansermet François, « Éloge de l'inattendu », *in* Frydman René et Flis-Trèves Muriel (dir.), *L'Imprévu : infortune ou opportunité ?*, PUF, 2015

Barthes Roland, *Fragments d'un discours amoureux*, Seuil, 1977

Beisser Arnold R., *La Théorie paradoxale du changement*, L'Exprimerie, 1999

Bergström Marie, « (Se) correspondre en ligne : l'homogamie à l'épreuve des sites de rencontres », *Sociétés contemporaines*, vol. 4, n° 104, 2016

Birnbaum Jean (dir.), *Amour toujours ?*, Folio essais, 2013

Blaize Jacques, *Ne plus savoir : phénoménologie et éthique de la psychothérapie*, L'Exprimerie, 2012 [1re éd. 2001]

Blaize Jacques, *Incertitudes et évidences de la gestalt-thérapie*, L'Exprimerie, 2017

BOLOGNE Jean-Claude, *Histoire du coup de foudre*, Albin Michel, 2017

BUBER Martin, *Je et Tu*, Aubier, 1923

COLIN Patrick, « Parlez-moi d'amour… », *in L'Amour, un hors-sujet*, L'Exprimerie, coll. « Cahiers de gestalt-thérapie », 2011

COLIN Patrick, *Philosopher en gestalt-thérapie : divers tissements*, L'Exprimerie, 2017

CYRULNIK Boris, *Sous le signe du lien*, Fayard/Pluriel, 2010

DAMASIO Antonio R., *L'Erreur de Descartes*, Odile Jacob poches, 2016

DELACROIX Jean-Marie, *La Troisième Histoire. Patient-psychothérapeute : fonds et formes du processus relationnel*, Éditions Dangles, 2006

DESHAYS Catherine, *Trouver la bonne distance avec l'autre grâce au curseur relationnel*, InterÉditions, 2010

DUFOURMANTELLE Anne, *En cas d'amour : psychopathologie de la vie amoureuse*, Payot et Rivages, 2009

DRAULT Élisabeth et KIEBBE Francois, « Le processus thérapeutique, lieu de création de l'intimité », actes de la Journée d'étude « De corps à corps », Champ-G, 24 novembre 2012

FRANCESETTI Gianni (dir.), *Attaques de panique et postmodernité : perspectives cliniques et sociales de la gestalt-thérapie*, L'Exprimerie, 2009

FROMM Erich, *L'Art d'aimer*, Belfond, 2015 [1re éd. 1956]

GARTNER Joëlle, « Prise de risque ou recherche de sécurité ? Dilemmes dans la vie d'un groupe de formation en gestalt-thérapie en Irlande du Nord », *in Au cœur des groupes*, L'Exprimerie, coll. « Cahiers de gestalt-thérapie », 2013

Guéret Cécile, « Refuser de s'attacher, c'est se priver d'un miroir », *Psychologies Magazine*, n° 320, juillet-août 2012

Guéret Cécile, « Le célibat rend-il égoïste ? », *Psychologies Magazine*, n° 330, juin 2013

Guéret Cécile, « Faut-il admirer l'autre pour l'aimer ? », *Psychologies Magazine*, n° 331, juillet-août 2013

Guillamaud Patrice, « L'essence du kairos », *Revue des études anciennes*, t. 90, n^os^ 3-4, 1988

Illouz Eva, *Pourquoi l'amour fait mal : l'expérience amoureuse dans la modernité*, Points Seuil, 2014 [1^re^ éd. 2012]

Lapeyronnie-Robine Brigitte, « Pour une délocalisation des émotions », *in (S')émouvoir*, L'Exprimerie, coll. « Cahiers de gestalt-thérapie », 2003

Lapeyronnie-Robine Brigitte, *La Place de l'émotion dans le processus d'ajustement créateur*, L'Exprimerie, coll. « Mini-bibliothèque de gestalt-thérapie », 2015

Masquelier-Savatier Chantal, *Comprendre et pratiquer la gestalt-thérapie*, InterÉditions, 2008

Marcelli Daniel, *La Surprise, chatouille de l'âme*, Albin Michel, 2000

Mèmeteau Richard, Sex friends *: comment (bien) rater sa vie amoureuse à l'ère du numérique*, Zones, 2019

Miller Michael Vincent, *L'Amour terroriste : de l'affrontement à l'équilibre*, Robert Laffont, 1999 [1^re^ éd. 1996]

Miller Michael Vincent, *La Poétique de la gestalt-thérapie*, L'Exprimerie, 2018 [1^re^ éd. 2002]

Muñoz-Polit Myriam, *Émotions, sentiments et besoins : une approche humaniste*, L'Exprimerie, 2011

NEYRAND Gérard, *L'Amour individualiste : comment le couple peut-il survivre ?*, Érès, 2018

OGIEN Ruwen, *Philosopher ou faire l'amour*, Grasset, 2014

PERLS Frederick, HEFFERLINE Ralph et GOODMAN Paul, *Gestalt-Thérapie*, L'Exprimerie, 2001 [1re éd. 1951]

ROBINE Jean-Marie, *S'apparaître à l'occasion d'un autre*, L'Exprimerie, 2004

ROBINE Jean-Marie (dir.), *La Psychothérapie comme esthétique*, L'Exprimerie, 2006

ROBINE Jean-Marie, *Gestalt-thérapie : la construction du soi*, L'Harmattan, 2012

SAINT AUGUSTIN, *Les Confessions*, livre XI, chap. XX-26, trad. Péronne et Écalle (remaniée par P. Pellerin), Nathan, 1998

SCHOCH DE NEUFORN Sylvie, *Un dialogue thérapeutique*, L'Exprimerie, 2000

SCHOCH DE NEUFORN Sylvie, « Clinique de l'angoisse », actes de la Journée d'étude « Clinique de l'angoisse », Champ-G, 2009

SINGER Christiane, *Éloge du mariage, de l'engagement et autres folies*, Albin Michel, 2000

SPAGNUOLO-LOBB Margherita, *Le « Maintenant-pour-ensuite » :* now-for-next *en psychothérapie*, L'Exprimerie, 2016

STAEMMLER Frank M., *Cultiver l'incertitude*, L'Exprimerie, 2003

STRENGER Carlo, *La Peur de l'insignifiance nous rend fous : une quête de sens et de liberté pour le XXIe siècle*, Belfond, 2013

THÉRY Irène, « Le couple occidental et son évolution sociale : du couple "chaînon" au couple "duo" », *Dialogue*, n° 150, octobre-décembre 2000

WILLIAMSON Marianne, *Un retour à l'amour*, J'ai lu, 2010 [1re éd. 1992]

WOLFF Francis, *Il n'y a pas d'amour parfait*, Fayard, 2016

YALOM Irvin, *Thérapie existentielle*, Galaade éditions, 2008

# Table des matières

Couverture, conception graphique et composition : Stéphanie Le Bihan
Impression : CPI Bussière en décembre 2019
Éditions Albin Michel
22, rue Huyghens, 75014 Paris

www.albin-michel.fr

ISBN : 978-2-226-44032-7
N° d'édition : 23362/01 N° d'impression : 2046908
Dépôt légal : janvier 2020
Imprimé en France